Emina Čabaravdić–Kamber, in Kakanj, Bosnien-Herzegowina geboren, lebt seit 1968 in Hamburg.
Sie ist Freie Autorin, Malerin und VHS-Dozentin für Exilliteratur und Kunst und seit 23 Jahren Dozentin in Hamburg, Lübeck, Münster und Bosnien.
Sie ist Vorstandsmitglied des VS, Verband deutscher Schriftsteller und Schriftstellerinnen in Hamburg, Mitglied im deutschen P.E.N. und im PEN-Zentrum Deutschsprachiger Autoren im Ausland sowie in der „Auswärtigen und Ausländischen Presse“ in Hamburg.
Emina Čabaravdić–Kamber gründete im Jahr 1988 den Internationalen Literaturclub „La Bohemina“.
Sie erhielt mehrere Literaturpreise und wurde 1996 für ihre literarische Arbeit zum Thema Frieden und zur Beendigung des Krieges in Bosnien und Herzegowina mit der Verdienstmedaille des Verdienstordens der Bundesrepublik Deutschland geehrt.

Emina Čabaravdić-Kamber

Auf den Spuren des Lebens

Zwischen Sarajevo und Hamburg

Erzählungen

Verlag Expeditionen
Kooperation mit
Verlag Das Bosnische Wort

Bibliografische Information der Deutschen Nationalbibliothek:
Die Deutsche Nationalbibliothek verzeichnet diese Publikation in der Deutschen Nationalbibliografie; detaillierte bibliografische Daten sind im Internet über http://dnb.dnb.de abrufbar.

Emina Čabaravdić-Kamber
Auf den Spuren des Lebens
Erzählungen

Titelseite: Emina Čabaravdić-Kamber
Redaktion: Wolfgang Nein

ISBN 978-3-947911-17-2

Wohin kehre ich zurück?
In welchen Ort?
Kann ich zurückkehren?
Oder zeigt mir mein Schicksal
nur den Weg nach vorn?

Inhalt

Vorwort

Emina Čabaravdić-Kamber ist eine komplexe Persönlichkeit. Sie ist Bosnierin von Geburt und deutsche Staatsbürgerin seit 23 Jahren, eine Weltbürgerin und zugleich ihrer Heimat Bosnien untrennbar verbunden. Emina stammt aus dem kleinen Ort Kakanj und hat den größten Teil ihres Lebens in der Großstadt Hamburg verbracht. Sie ist Muslima und lebt und arbeitet seit ihrer Jugend die meiste Zeit des Jahres in einem christlichen geprägten Umfeld. Als eine Wanderin zwischen den Welten ist sie ununterbrochen mit großem Engagement bemüht, diese Welten zusammenzubringen. Emina hat inzwischen längst das Ruhestandsalter erreicht, hat sich aber nicht zur Ruhe gesetzt.

Sie ist nicht zuletzt und insbesondere der Jugend aktiv verbunden geblieben. Emina Čabaravdić-Kamber stammt aus einer Familie mit elf Kindern und ist Mutter von drei Kindern. Zu ihren Lebensaufgaben gehört das vielfältige Engagement, bosnischen Kindern und Jugendlichen, die durch den Krieg von 1992-95 traumatisiert wurden, durch Kunst und Literatur zu neuer Lebensfreude zu verhelfen.

Emina Kamber ist Schriftstellerin, Malerin und Textildesignerin, Sängerin, Dichterin und eine sozial und gesellschaftspolitisch engagierte Persönlichkeit. In den Erzählungen dieses Buches ist viel Biographisches enthalten, manches hintergründig. Wer diese Erzählungen liest, wird etliches über die bosnische und die muslimische Kultur erfahren, zugleich auch viel Persönliches aus dem Leben von Emina Kamber.

Als junge Frau folgte sie ihrem bosnischen Mann 1968 nach Hamburg – in einer Zeit, als viele Menschen aus dem damaligen Jugoslawien als „Gastarbeiter" nach Deutschland kamen. Die interkulturellen Herausforderungen und der bosnische Krieg mit ihren Anfragen an die menschliche Verständigungsbereitschaft und Friedensfähigkeit sind immer wieder und bis zum heutigen Tag Themen ihres Schreibens und Handelns geblieben.

Das Credo von Emina Kamber steht in ihren literarischen Arbeiten und ihrem friedenspolitischen Engagement im Zusammenhang mit der Vergangenheit, Gegenwart und Zukunft ihrer Heimat Bosnien, wofür sie mehrfach ausgezeichnet wurde. Die Edmund-Siemers-Stiftung in Hamburg unterstützt ihr vielfältiges Wirken seit Jahren. So möge es auch weiterhin bleiben.

Viel Freude beim Lesen der Erzählungen!

Wolfgang Nein

Angekommen

Pelješac / Süd-Dalmatien 2017

Der Sommer kehrt auf die Berge der Pelješac zurück, lädt die Verliebten ein, unter den Pinienbäumen auf ihre Liebe zu schwören. Nachts wird der Mond laut. Sein Licht streift über die Bucht von Prapratno und erblickt hin und wieder die verträumten Paare. Beschämt wendet er sich von ihnen ab, Richtung Meer, er lacht auf dem ruhigen Wasser. Wie ein Beschützer hält er Wache. In der Morgendämmerung verlässt er die dalmatinische Bucht und nimmt die Träume mit. Eine Möwe kreischt am Himmel, als hätte sie sich in der Gegend verirrt.

Es ist fünf Uhr morgens. Ich beobachte von meinem Balkon aus einen Mann am Strand von Prapratno. Im Schneidersitz drückt er sich in den nassen Sand und schaut regungslos auf das Meer. Die Ebbe erledigt ihre Arbeit, nimmt die Flutreste mit und verschwindet wieder im tiefen Wasser.

Es weht kein Wind. Kein Jugo, kein Maestral. Von dem Bora zum Glück auch keine Spur. Der Oleander strahlt in magentafarbener Blütenpracht, während sich die Olivenbäume für die Schattenspende vorbereiten. Der Mann rührt sich nicht von seinem Platz.

„Atmet er überhaupt?“, frage ich die bosnische Köchin Bedra, die auf dem Tablett Mokkakaffee bringt und auf den kleinen Balkontisch stellt.

„Mach dir keine Sorgen, er atmet und er träumt“, sagt sie trocken und bittet mich an den Kaffeetisch.
„Es ist für mich ein tägliches Bild, ob ich in Bosnien oder hier in Kroatien bin. Bei vielen Menschen sind nach dem letzten Krieg die Träume ausgeträumt, bevor sie überhaupt einen Anfang hatten“, sagt sie mit einem Blick ins Nichts.
In ihrer zitternden Hand hält sie die Mokkakanne und schenkt ein. Das Bild vor meinen Augen trägt mich in die Zeit meiner Kindheit. Ich erinnere mich, dass ich auch oft am Strand saß und vor mich hinträumte. Die Ferienzeit an der Adria war für uns Kinder sehr kurz.
Obwohl wir in den Sommerferien drei Monate schulfrei hatten, teilte mein Vater die Zeit auf einige Wochenendausflüge auf. Es hieß, vier Tage Feldarbeit, drei Tage Vergnügen. Da wir elf Kinder waren, sollte jedes von uns in den Sommerferien für drei Tage an die Adria. Eines Tages fragte ich meinen Vater: „Warum fahren wir die lange Strecke, und dann noch mit dem ‚Ćiro', dem Klapperzug, nur für drei Tage?“
„Du fährst an die Adria, um das Meer zu sehen. Was meinst du, wie viele bosnische Kinder die Adria noch nie gesehen haben?! Die Schönheit ist gefährlich und trügerisch, ich weiß, wovon ich spreche“, sagte er, drehte sich um und schliff weiter sein Schlachtmesser an. Plötzlich bekam ich Angst, er könnte mich überreden, nicht mitzukommen. Also stellte ich keine Fragen mehr und

fuhr noch in diesem Sommer mit an die Adria.
Der Morgen kristallisiert sich heraus.
Über den Strand von Prapratno ragt ein hoher Berg. Bewachsen von Ginster und mediterranem Immergrün umrandet er die Bucht. Der Sandstrand wirkt in der Morgendämmerung wie eine durchgezogene weiße Linie, die nur durch den Mann in dunkler Kleidung unterbrochen wird.
Von Mljet, der gegenüberliegenden Insel im Süden Kroatiens, nähert sich die Jadrolinija-Fähre der Prapratno-Bucht. Ein Zeichen, dass es schon nach sechs Uhr ist.
„Wir brauchen hier keine Uhr", sagt Bedra. „Die Sonne hat den Berg erreicht, die Fähre schippert über die blaue Adria, es ist Zeit zum Frühstück", sagt sie, steht auf, nimmt das Tablett mit den ausgetrunkenen Mokkatassen und geht in die Sommerküche, um Brot zu backen.
Ich bleibe auf dem Balkon sitzen und beobachte weiterhin den Mann am Strand. Aus der Entfernung kann ich sehen, dass er anfängt, Steine ins Wasser zu werfen. Mein Herz schlägt schneller.
„Oh, er lebt!"
In mir wächst der Wunsch, ihn kennenzulernen. Rasch suche ich nach einem Kleid, wasche mich und laufe die vielen Treppen zum Strand hinunter. Eine Enttäuschung zeigt sich in meinem Gesicht, der Mann ist verschwunden.
Die Sonne steigt langsam die Felsen hinunter. Der Strand füllt sich mit den Frühschwimmern. Keiner joggt. Ich blicke nach links, nach rechts,

sehe keinen angezogenen Menschen am Strand. Ein älteres Ehepaar, in Begleitung ihres Hundes, nähert sich dem Wasser.

Ich beobachte den Hund. Mit den Vorderpfoten steht er schon im Meer, prüft zitternd, ob das Wasser nicht zu kalt ist. Prompt läuft er zurück zum Strand, setzt sich in den nassen Sand mit dem Blick zum Meer.

Eine Schar von Möwen kreischt in der Luft. Sie kündigen die Rückkehr der Fischer an, hoffen auf gute Beute.

Die Boote nähern sich dem Steg, die Möwen fliegen über den Köpfen der Fischer im Kreis. Die Motoren sind nicht mehr zu hören. Die Netze werden an Land gebracht.

„Ein schlechter Fang", sagt Ivica. „Es hat sich nicht gelohnt. Aber für ein Mittagessen reicht es. Meine Kinder freuen sich jetzt schon", fügt er hinzu.

Die Fische werden sofort ausgenommen, die Köpfe abgetrennt und die Innereien ins Meer geworfen.

Mit einer turbulenten Geschwindigkeit stürzen sich die Möwen auf den Abfall. Ich habe das Gefühl, sie schreien sich gegenseitig an und kämpfen ums Überleben.

„Unsere Adria ist doch fischreich, warum sind die Möwen so hungrig?", frage ich lächelnd und schaue auf Ivicas Hände, die sehr gekonnt die Fische säubern und sie dann in den Eimer werfen. Kein Wunder, dass er sein Werk beherrscht, denn

Ivica ist am Meer zu Hause. Ein süddalmatinischer Besitzer unserer Pension. Seine Welt sind das Meer und das Fischerboot, die Halbinsel Pelješac und die Weinberge. Seine Familie ist für ihn die Säule des Lebens.

„Unsere Bucht war früher ein Paradies auf Erden“, erzählt er. „Seit drei Jahren ist die Jadrolinija-Fähre nun in Betrieb. Die kürzeste Route zur Insel Mljet verläuft von unserer Bucht. Das Meer ist hier jetzt von Motorenöl verschmutzt und die Fische, die es früher hier in Fülle gab, sind weg, haben sich zurückgezogen. Trotzdem fahre ich jede Nacht aufs Meer hinaus und werfe die Netze ins Wasser. Und immer hoffe ich aufs Neue, einen guten Fang zu machen.“

„Ivica, ich möchte dich etwas fragen. Seit einigen Tagen beobachte ich einen jungen Mann am Strand.“

„Ah, ich weiß, von wem Du sprichst!“

„Wenn ich aufwache, gehe ich gleich auf meinen Balkon. Eine Gewohnheitssache. Kaum bin ich da, wandert mein Blick sofort zum Strand. Jeden Morgen sitzt er an dem gleichen Platz, als würde er von dort aus den besten Blick in die Ferne haben. Unbeweglich wie eine Mumie starrt er nur auf das Wasser. Kennst du ihn?“

„Ja, ich kenne ihn“, sagt Ivica lächelnd. „Er ist kein Cicero, der sich mit einem Garten und einer Bibliothek glücklich schätzen könnte. Der junge Mann, den du jeden Morgen am Strand sitzen siehst, träumt von einer weißen Welt.“

„Du meinst, von einer weiten Welt?“, frage ich nachdenklich.
„Ja, das ist dasselbe. Wenn jemand in die Welt hinauszieht, dann sagt man bei uns im Süden, er ist in die weiße Welt gegangen. Das Weiß ist keine Farbe, es ist etwas Undefinierbares, etwas Unbekanntes. Eine Mutter beweint ihren Sohn, der in die weiße Welt geht. Sie glaubt nicht mehr an seine Rückkehr, und es ist wirklich selten, dass ein Sohn zurückkommt. Für sie ist das Weiß ein Symbol der Krankheit und des Todes.“
„Ah, Ivica, gut zu wissen.“
Das Thema beschäftigt mich. Tatsächlich! Mir ist bekannt, dass auf einigen maritimen Bildern alter Meister die weiße Farbe den Eindruck erweckt, als würde der kühle Norden flimmern und glitzern wie eine Fata Morgana.
War das der sehnliche Wunsch der Maler, aus der dunklen Welt, in der sie gemalt haben, auszubrechen?
Ich kann mir gut vorstellen, dass der junge Mann von der Ferne träumt, weit weg von dem einfachen Leben, aus dem er keinen Ausweg findet. Er will nur weg. Wohin, ist wahrscheinlich für ihn nicht so wichtig, die Hauptsache ist, in die weiße Welt.
„Der Mann am Strand heißt Goran“, erzählt Ivica weiter, während er sein Boot sauber macht und die Netze für den nächsten Fischfang zusammenbindet.
„Er kommt aus einer armen Familie, wohnt oben

an der Magistrale. Morgens sitzt er hier am Strand, hofft jeden Morgen, von der Ebbe in die weiße Welt mitgenommen zu werden, und abends sehe ich ihn oft auf dem Bürgersteig der Magistrale die Autos betrachten, die unter dem schönsten Sonnenuntergang zwischen Split und Dubrovnik diese Strecke durchfahren. Ob er dabei von einer weißen Welt träumt, keine Ahnung. Er unterhält sich kaum. Wenn ich ihn in dem Städtchen Ston treffe, nickt er leicht mit dem Kopf als Begrüßung, geht schnell an mir vorbei, um bloß nicht ins Gespräch zu kommen. Seitdem sein Vater tot ist, fühlt er sich von der ganzen Welt verlassen, als wäre er auf einer Insel inmitten des Meeres gelandet, wo Einsamkeit und Verzweiflung an der Tagesordnung sind."

„Weißt du, wo er sich tagsüber aufhält?", frage ich.

„Er züchtet Muscheln in dem Malo More, dem Kleinen Meer. So heißt die Region um Mali Ston, also Klein Ston. Dort gibt es die besten Muscheln. Die beiden Orte – Ston und Mali Ston – verbindet die längste Mauer Europas. Goran verbringt dann drüben den ganzen Tag am Wasser. Nur, leider, von dort aus kann er keinen Horizont sehen. Das Kleine Meer ist von Bergen umgeben, sein Blick fühlt sich dort eingeengt. Deswegen sitzt er jeden Morgen hier in der Bucht und träumt. Für ihn hat hier der einfache Rückzug aus der Alltagswelt eine Berechtigung, trotz der Pflichten und des Unverständnisses seiner Mutter, die wahrscheinlich nicht weiß, dass ihr Sohn sich nach dem Glück sehnt. Seit er nach dem Tod des Vaters die ganze Verantwortung für die Familie übernommen hat, als ältestes Kind, besteht sein Leben nur noch aus Pflichten.

„Du kannst ihn an dem Kleinen Meer besuchen, du willst ihn bestimmt kennenlernen, oder? Dann mal los!“, sagt Ivica lachend, springt vom Boot auf den Steg, nimmt den Eimer mit seinem kargen Fang in die Hand und läuft die Treppen zu den Apartments hoch.

„Ja, ich möchte ihn kennenlernen“, flüstere ich dem leichten Wind zu, der meinen Wunsch wahrnimmt und mich vom Strand wegschubst.

Bald steht die Sonne senkrecht. Ich fahre nach Ston, um einzukaufen. Auf dem kleinen Gemüsemarkt stehen die einheimischen Bauern, verkaufen Saisongemüse in kleinen Mengen. Es gibt nur vier Stände und alle vier Bauern bieten die gleiche Ware an: Kopfsalat, Tomaten, Gurken, Knoblauch, Möhren, Lauchzwiebeln. Alles frisch vom Feld.

Ich stelle fest, das Grünzeug ist teurer als in Deutschland. Aber dafür frisch geerntet. Nun, ich gehe von einem Stand zum anderen, überlege was ich einkaufe. Gebrauchen kann ich von allem etwas. Um meinem Gewissen gerecht zu werden, kaufe ich bei jedem Bauern ein, damit sie alle etwas umsetzen. Bald müssen sie sowieso den Markt räumen, um der Hitze zu entfliehen.

Mit dem Korb voll bepackt mache ich mich auf

den Weg zum Auto und verzichte auf weiteren Einkäufe.
Am blauen Himmel schwebt keine einzige Wolke. Plötzlich sehe ich von Weitem eine schwarz-weiß gefleckte Katze auf meiner Wagenhaube liegen. Schade, dass meine Freundin Laila, die Katzen über alles liebt, nicht hier ist, um das Bild zu sehen. Am Auto angekommen, versuche ich sie mit einem höflichen Laut von der Haube zu jagen. Sie bewegt sich nicht, schaut mich nur mit ihren müden Augen an. Ich öffne den Kofferraum, um den Gemüsekorb einzuladen. In dem Augenblick springt sie von der Wagenhaube herunter und läuft über die Straße zu den Salinenfeldern von Ston. Katzen sind wirklich eigensinnig.
Ich weiß, dass ich nicht wegen des Gemüses nach Ston gefahren bin. Was hätte ich unserer Köchin Bedra sagen sollen?
Ich fahre nach Ston, um den Unbekannten kennenzulernen? Sie hätte mich für verrückt erklärt.
Der Parkplatz in Klein Ston befindet sich unter den üppig gewachsenen Pinienbäumen. Eine Fülle von Schatten. Meinem Gemüse kann trotz der Hitze nichts passieren.
Ein Bus mit Dubrovniker Kennzeichen kommt gerade an. Kaum ist der Motor aus, stürmen die japanischen Touristen aus dem Bus an mir vorbei, spannen ihre Sonnenschirme auf und eilen zum Meer. Wahrscheinlich ist dieser Ausflug auf eine Viertelstunde begrenzt. Die Reisenden möchten für das, was sie bezahlen, möglichst viel sehen.

Auf dem Parkplatz herrscht Chaos. Weitere zwei Busse erreichen hintereinander Mali Ston. Ich versuche, die Menschenmenge zu umgehen, sodass ich durch einen Hinterhof den kleinen Jachthafen erreichen kann.
Auf dem Kleinen Meer sehe ich zwei Männer in ihren Booten weit voneinander entfernt. Die gehören nicht zusammen, oder? Nur, wer von den beiden ist jetzt Goran?
Aus der Entfernung kann ich ihre Gesichter nicht sehen. Beide sind in ihrem Element, reagieren nicht auf die Touristen. Sie bücken sich ständig zum Wasser hin, heben sodann die Schultern, stapeln die Körbe aufeinander, und wie in einem Ritual wiederholen sie die Tätigkeit.
Ich, auf der kleinen Mole angekommen, setze mich hin in der Hoffnung, dass die beiden mit ihrer Arbeit bald aufhören und dass sie die Boote mit den Körben voller Muscheln aus dem Wasser ziehen.
Von dem Trubel am Marktplatz bin ich zum Glück weit entfernt.
Die Sonne steht im Zenit, nicht einmal ein Hauch vom Wind ist zu spüren. Der Schweiß läuft über mein Gesicht, staut sich unter der Sonnenbrille, die an meinen Augenbrauen klebt. Die Haut an Beinen, an Händen, in meinem Gesicht juckt unerträglich. Mit einem Zipfel des Sommerkleides versuche ich, den Schweiß zu entfernen. Vergebens.
Dann sehe ich die beiden Männer sich der Mole

nähern. „Wer von euch ist Goran?“, frage ich lächelnd.
„Woher weißt du, wie ich heiße?“, fragt der Mann in kurzen Jeanshosen und einem weißen Unterhemd. Ich schaue ihn an. Die Jeans schlottern um seine dünnen Beine. Kein Wunder, die Hosenbeine sind über den Knien einfach abgeschnitten. Kein Nähsaum ist zu sehen. Stattdessen kleben einige ausgefranste Fäden auf seiner Haut. Ich stelle fest, dass für seinen sonnengebräunten Körper jedes weitere Kleidungsteil zu viel wird. Nun, sein Aussehen verwirrt mich.
Denn in der Bucht, wo er den Strand in den Morgenstunden sauber macht, ist er angezogen, und er wirkt von meinem Balkon aus unten am Strand sehr klein.
Und jetzt steht er vor mir wie aus einem Bilderbuch, ein gut aussehender junger Mann. Seine Augen ähneln der Farbe der blauen Lagune. Mein durchgeschwitzter Körper zittert. Ich versuche, den Anblick zu ignorieren.
„Ich bin Emina“, sage ich und strecke meine Hand aus, um ihn zu begrüßen.
„Ah, Emina! Hat dein Vorname mit dem lateinischen Wort ‚Eminenz’ was zu tun?“
„Nein, nicht dass ich wüsste, denn das Wort heißt in Übersetzung die/der Hervorragende. Ich glaube nicht, dass ich das bin.“
„Emina gefällt mir“, sagt er leise und betrachtet die Touristenmenge auf der Plaza.
„Ivica hat mir gesagt, wo ich dich finde. Kommst

du morgen in die Bucht? Ich möchte dich etwas näher kennenlernen."

„Nein, Morgen ist doch Sonntag. Ich muss zur Missa, zur Morgenandacht in die Kirche."

„Das heißt, sonntags machst du den Strand nicht sauber?", versuche ich ihn auszufragen.

„Sonntags vertritt mich ein bosnischer Freund, der hier bei uns versucht, etwas Geld zu verdienen, um seine Familie drüben zu unterstützen. Er muss nicht in die Kirche. Er erzählt mir, dass er auch nicht in die Moschee muss. Da gehen aber unsere Meinungen auseinander, denn ich denke, dass auch ein Muslim, zumindest einmal in der Woche vor Gott treten muss, um für die begangenen Sünden um Vergebung zu bitten."

„Dein Freund ist eben ein echter Bosnier. Wenn er sagt, er muss nicht in die Moschee gehen, dann weiß ich, wo die Aussage herkommt. Es gibt einen Kernsatz im Koran, der lautet: ‚La ikra-ha fid-din.' – ‚Der Glaube ist kein Zwang.' Und ich weiß, dass dies in Sure 2 steht, Vers 256. Was sagst du dazu?"

„Woher weißt du das?"

„Von meinem Vater. Er war ein Hadschi, pilgerte in den sechziger Jahren nach Mekka.

„Gehst du in die Moschee?", fragt Goran.

„Nein, ich muss es nicht, nur dann, wenn mir danach ist. Bei uns beten die Frauen meistens zu Hause, im Rahmen der Familie. Das heißt aber nicht, dass ich weniger eine Gläubige bin als du."

Ich spüre, dass Goran nachdenklich ist.

Schweigend stapelt er die Körbe voller Muscheln auf einer wackeligen Karre. Jeden Augenblick könnten die oberen herunterfallen, aber nein. Goran ist in dieser Arbeit so sicher, beinah so perfekt, dass ihm so eine Panne nicht passieren kann.
„Sündigst du so sehr, dann sollst du jeden Sonntag Gott um Vergebung bitten“, sage ich lächelnd.
Er schaut mich an, geht zur voll beladenen Karre, um sie wegzufahren, und sagt leise: „Ich trinke viel. Lass meine Mutter nicht hören, was du gerade gesagt hast. Es geht nicht nur um die Sünden. Gott will, dass wir den Sonntag als Wochentag fürs Gebet freihalten und die Arbeit auf die anderen Wochentage verteilen.
Für meine Mutter ist Sonntag ein heiliger Tag. Sie ist in der Beziehung eine echte Christin. Ich darf in der Missa nicht fehlen. Auf eine korrekte Kleidung für die Missa legt sie auch großen Wert. Jeden Sonntag bereitet sie für mich einen schwarzen Anzug und ein weißes Hemd vor. Meine schwarzen Schuhe putze ich selber. Manchmal habe ich auch keine Lust, in die Kirche zu gehen, aber meiner Mutter kann ich das nicht antun. Sie lebt für ihren Glauben.“
„Du muss dich nicht wegen deiner Mutter dazu zwingen, du sollst es für dich tun. Jeder Mensch ist für sein eigenes Ich verantwortlich. Ich möchte mit dir über dein Leben sprechen. Ivica hat mir erzählt, dass du gerne von hier weg willst, wohin, weißt du selber nicht. Lass uns dann am Montag,

nachdem du den Strand sauber gemacht hast, miteinander reden. Vielleicht kann ich dir helfen."
„Nun, jetzt habe ich die Muscheln drüben in dem Restaurant abzuliefern. Die Sonne brennt mir im Nacken. Lass mich bitte die Muscheln wegfahren, und dann können wir uns weiter unterhalten."
Während er verschwindet, leert sein Kumpel das Boot aus, stapelt die vollen Körbe auf den Kiesstrand vom Kleinen Meer. Auch er hat einen guten Fang an diesem heißen Tag anzubieten.
Die Touristen freuen sich über die frischen Muscheln, eilen zum Restaurant und schauen bei der Essenzubereitung zu. Ein offenes Feuer vor dem Restaurant dient der Zubereitung und gibt den Touristen die Möglichkeit, in die mediterrane Küche einzutauchen. Die Luft füllt sich mit dem Duft der Kräuter. Rosmarin, Minze, Lorbeer sprechen alle Sinne der Hungrigen an, und die Piazza von Mali Ston verwandelt sich in ein Sommerfest. Was für ein Anblick!
Eigentlich muss ich zurück zur Bucht. Das Gemüse im Kofferraum des Autos verwelkt, wenn ich nicht bald fahre.
Auf Goran kann ich nicht mehr warten. Ich versuche, mich durch die Menschenmenge durchzuschmuggeln. Das Auto steht, Gott sei Dank, noch im Schatten.
Bis zur Prapratno-Bucht ist es zum Glück nicht so weit. Zehn Minuten Autofahrt von Ston bis dorthin hält mein Gemüse noch aus. Was erwartet mich in der Pension? Unsere Köchin mit dem

Kochlöffel? Ich weiß, dass sie keine Entschuldigung akzeptiert.

In der Bucht angekommen, sehe ich sie auf der Pensionsterrasse warten. „Fang nicht an, dich zu entschuldigen. Wer sich entschuldigt, bestätigt seinen Fehler!“

Auf ihre Beschwerden reagiere ich nicht, laufe die Treppen hoch und verschwinde in meinem Zimmer. Vom Balkon aus schaue ich auf das türkisfarbene Wasser. Das beruhigt mich.

Die Tage vergehen. Mein Aufenthalt auf der Halbinsel Pelješac neigt sich dem Ende zu.

Von Goran ist keine Spur zu sehen. Laut unserer Absprache wollte er doch an dem kommenden Montag in die Bucht kommen. Und er war nicht da. Auch nicht in den nächsten Tagen.

Bei meiner Abreise stehe ich in der Morgendämmerung noch einmal auf dem Balkon und blicke zum Strand hinunter. Er sieht so trostlos aus, die weiße Linie wirkt unpoetisch auf mich, denn Gorans Gestalt fehlt, jener dunkle Fleck, der sie durchbricht.

Das Geräusch eines Flugzeugs, das über die Bucht in Richtung Dubrovnik fliegt, mischt sich in meine Gedanken.

Ein Jahr später stehe ich wieder auf dem Balkon der Pension. Es ist fünf Uhr morgens. Mein Blick wandert über die Bucht von Prapratno. In der Dämmerung wirkt der Sandstrand wieder wie eine durchgezogene weiße Linie, diesmal jedoch mit einem Mann in dunkler Kleidung als Akzent.

„Er ist da!“, rufe ich meiner Schwester zu und renne die Treppen zum Strand hinunter.
Goran sitzt im Schneidersitz auf dem nassen Sand, schaut bewegungslos in die Ferne. Plötzlich dreht er sich um, steht auf. Wir umarmen uns und kurz danach sitzen wir beide auf dem nassen Sand.
„Goran, wo warst du? Du bist einfach spurlos verschwunden.“
„Ich war in der weißen Welt. Ich weiß nicht, ob Gott mir jemals vergeben wird. Ein Jahr lang habe ich meine Mutter und meine behinderte Schwester ohne männliche Hilfe zurückgelassen. Ich glaube, dass ich die größte Sünde begangen habe. Aber ich wollte einmal sehen, was sich hinter dem Horizont verbirgt. Jetzt weiß ich es.“
„Ah, Goran, in deiner Geschichte gibt es auch etwas Positives. Du bist einer von den Söhnen, der zurückgekommen ist. Deine Mutter wird dir vergeben. Mit Gott wirst du dich schon einigen“, sage ich lächelnd.
Sein Gesicht strahlt keine Vitalität aus, es wirkt verkrampft. Sein abgemagerter Körper verrät, dass er in der Abwesenheit nicht glücklich war.
„Warum sitzt du wieder hier und schaust so bewegungslos in die Ferne“, frage ich spontan.
„Dass ich wieder hier sitze, heißt, dass ich angekommen bin. Das Meer gibt mir Halt. So einen Halt habe ich in der weißen Welt gesucht und nicht gefunden.
Die Flut hat mich wieder hier angespült, und mit

der Ebbe habe ich mich versöhnt. Sie wird mich nie wieder mitnehmen. Mein Platz ist hier! Weißt du, die weiße Welt ist wie eine Fata Morgana. Du bewegst dich dort hin und weißt, dass du in jener Welt nie ankommen wirst."

Die Perlenkette
Sarajevo 1995

Das Schicksal lässt sich nicht betrügen.
Vor einigen Nächten träumte Emma, dass ihre jüngere Schwester Dada sie besucht und von ihr die Hälfte einer Perlenkette zurückverlangt. Vor vielen Jahren hatten sie aus zwei kurzen eine lange Kette aufgereiht. Manchmal hatte Emma sie nach Wien mitgenommen, manchmal blieb sie in einer der Schubladen bei Dada liegen.
Emma fragte sich, wer die Perlenkette zuletzt getragen hatte und bei wem sie sein konnte. Sie sah in ihrem Traum, wie ihre Schwester Dada ihre Hand öffnete. Weißer Sand bedeckte ihre Handfläche.
Auf diesem Sand sah sie viele Augen, eine Menge Augen und Sand. Sie spürte Sandkörner unter ihren Füßen, die immer tiefer in dem weißen Sand verschwanden, senkte den Blick, schloss die Augen, sah trotzdem alles, was vor ihr geschah, und spürte zugleich ein Gefühl der Leere. Plötzlich verschwand ihre Schwester Dada, und als sie wieder im Traum auftauchte, hielt sie die Perlenkette in ihrer Hand.
Emma sah im Traum eine Straße und hörte laut die eigenen und Dadas Schritte auf dem Kopfsteinpflaster. Die Straße war leer, typisch für einen frühen Sommernachmittag in Bosnien, wenn die Sonne am stärksten brennt und die Menschen

sich in die kühlen Lehmhäuser zurückziehen, um der Hitze zu entkommen.
Im Traum gingen die beiden Schwestern die Straße entlang, in eigene Gedanken versunken.
Plötzlich drang leise Musik aus einem der Häuser. Emma nahm Dadas Hand und sagte:
„Dada, diese Violine beweint ‚Jemanden'." Sie hörte nicht auf ihre Schwester und deutete ihr mit einer Geste, sie möge schweigen. Die Musik war wunderschön, wurde immer weicher und leiser. Emma schien es, als hörte sie das Rauschen des Meeres und zugleich ein Schluchzen in der Ferne. Auf einmal fiel die Perlenkette aus Dadas Hand auf das Kopfsteinpflaster, und der Aufprall vieler einzelner Perlen unterbrach die schöne Musik. Sie waren Dada aus der Handfläche geglitten und tanzten in alle Richtungen davon, verschwanden in den Ritzen der Pflastersteine. In diesem Augenblick wachte Emma auf.
Sie wusste nicht, wie spät es war, stand auf, machte das Licht an und begann, in Schubladen, auf Regalen, in den Schränken überall nach der Perlenkette zu suchen und dachte dabei an eine Sage: „Der Morgen ist klüger als die Nacht." So gab sie die Suche in der Nacht auf. Am nächsten Tag fand sie die verschwundene Perlenkette. Sie hatte sie zuletzt nach Wien mitgenommen.

Diese Perlenkette hat eine eigene Geschichte.
Im Jahre 1969 entschloss sich Emmas Vater, die Pilgerfahrt nach Mekka zu machen. Eine solche

heilige Reise darf nur der Mensch machen, der ein ehrlicher und guter Mensch ist und der sich das Geld für diese Reise selbst verdient hat. Dieser darf keine Schulden haben und er darf sich mit niemandem im Streit befinden.

Die Abreisezeremonie in Emmas Elternhaus dauerte sieben Tage. Der Tag kam, an dem ihr Vater die Mekka-Reise antreten sollte. Nachbarn, Familie, Freunde, Bekannte kamen, um Emmas Vater Latif-Aga zu verabschieden.
Alle brachten Geschenke für Emmas Mutter mit, denn sie war die Frau, die nach der Abreise ihres Mannes vierzig Tage im Haus bleiben würde, um auf ihren Hadschi zu warten.
Vierzig Tage lang würde sie nicht kochen, saubermachen oder Wäsche waschen. Täglich, vierzig Tage lang, würden die Familie und die Nachbarn Essen in das Haus bringen, ihr Kaffee und Limonade anbieten – den Kaffee für den Seelendurst und die Limonade für den Kehlendurst.
Einige Tage nach der Abreise ihres Vaters fuhr Emma von Wien aus nach Hause, um dem Hadschi einen Empfang mit ihren zehn Geschwistern vorzubereiten.
Der Tag kam, an dem ihre Mutter an der Pforte die Hand des Hadschis küsste. Seine sieben Töchter taten es ihr gleich. Am Rand der Pforte standen Emmas vier Brüder und hießen ihren Vater auch herzlich willkommen.
Alle schauten ihn mit einer Bewunderung an.

Seinen Körper bedeckte ein weißes Gewand, darunter deutete sich eine leichte Sommerbekleidung an. An seinen Füßen trug er Apostelschuhe, auf seinem Kopf den berühmten Turban, das Zeichen eines Hadschis.
Der Empfang war mit nichts zu vergleichen.
Die vor dem Hauseingang ausgezogenen Schuhe wirkten wie ein Schuhberg.
Die Gelehrten aller Religionen aus Emmas Stadt kamen, um Latif-Aga zu begrüßen. Nachdem die Limonade von seinen Töchtern an die Gäste verteilt worden war, holte der neue Hadschi aus seiner Pilgertasche das Notizheft, blätterte einige Seiten durch und fing an zu erzählen, wie er bis zu dem Berg HIRA pilgerte, dem einstigen Lieblingsplatz des Propheten Mohammed, der in einer Höhle tagelang weilte, um über die Menschen und den Sinn des Lebens nachzudenken.
Der Hadschi erzählte auch davon, wie dem Propheten Mohammed nach dem Glauben der Muslime der Erzengel Gabriel erschien, der ihm erklärte, dass es nur einen Gott gebe.
Vor allem erklärte er ihm, wie die Menschen in Frieden leben, viel Gutes tun und Böses verbieten sollen.
Emmas Vater erzählte, wie er auf den hunderten von Stufen des Berges HIRA bis zu der Höhle hochpilgerte, sich die Geschichte des Propheten Mohammed anhörte und wie er sich die Botschaften des Erzengels Gabriel Tag für Tag aufmerksam einprägte.

Da der Prophet Mohammed nicht schreiben konnte, hatte er die Botschaften an die Menschen als mündliche Überlieferung weitergegeben. Dann wurden sie von seinem Ziehsohn Zaid in 114 Suren aufgeschrieben und danach mehrere Male von Gelehrten überprüft bis sie zum Schluss im heiligen Buch Kor'an zusammengefasst wurden.
Emmas Geschwister hörten sich die unglaubliche Geschichte des Propheten Mohammed an, sahen, wie der Vater sein Notizheft zusammenklappte und in die Pilgertasche zurücklegte. Nach und nach verabschiedeten sich die Gäste von Emmas Mutter, die aufgrund des neu erworbenen Hadschis, den Titel „Hadschinica" bekam und von da an so genannt wurde. Das Haus leerte sich.
Vor dem Eingang lagen nur noch einige Paar Schuhe, ein Zeichen, dass sich der Hadschi seinen Liebsten zuwenden konnte.
Es geschah für seine Kinder etwas Unerwartetes.
Emmas Vater legte sein Gewand ab, breitete es in der Mitte des Zimmers aus und bat sie alle, sich rundherum auf den Teppich zu setzen.
Dann begann er die Geschenke auszupacken: rote Seide aus Medina für seine Töchter Dada, Bedra und Hikmeta, Kayalpulver für die Augen vom Berg Sinai für die Töchter Emma, Fedha, Senija und Sadeta. Weiße Seide aus Mekka hatte er seiner Frau mitgebracht.
An seine Söhne verteilte er weitere kostbare Geschenke. Die Kinder glaubten, nach Qibla (Gebetsrichtung der Muslime) versetzt zu werden,

wo die Sonne aufgeht und nie untergeht. Die Freude war groß. Schon hielt es die Kinder nicht länger auf ihren Plätzen. Sie wollten schnell auf die Straße laufen, um den Menschen zu zeigen, was der Vater von seiner Pilgerfahrt mitgebracht hatte. Nun, der Hadschi verlangte nach einem Augenblick Geduld. Das, was er noch zu zeigen hätte, beträfe nur seine sieben Töchter.

Mit einem Augenzwinkern gab er seiner Frau und seinen Söhnen ein Zeichen, sich zu erheben. Seine Töchter bat er, die Augen zu schließen. Danach hörten sie seine Stimme sagen: „Ich habe sieben Perlenketten für meine sieben Perlen."

Die Töchter durften wieder ihre Augen öffnen. Vor ihnen auf dem weißen Gewand hatte der Vater ein weinrotes Samttuch ausgebreitet, auf dem sieben Perlenketten lagen. Kristallperlen sah der Hadschi in den Augen seiner Töchter, wischte eine Träne nach der anderen von ihren Wangen ab und gab keiner die Möglichkeit, sich auf seinem Gewand zu verlieren.

Ja, so war Emmas Vater. In ihrem Leben mit ihm gab es Farben, Kinderstimmen barsten, Sevdahlieder waren zu hören.

Manchmal hatte Emma das Gefühl, aus seinem Haar Feuer zu sehen, während ihre Geschwister in seinen Augen Sterne sahen.

Sie hatte oft das Gefühl, seine Augen erleuchteten die ganze Welt und als flösse diese durch ihre Venen. So wie an dem Tag, als er nach der Pilgerfahrt an der Pforte stand.

Damals beschlossen Emma und Dada, ihre beiden Perlenketten in einer langen Kette aufzureihen. Danach wurden sie, abwechselnd von den beiden Schwestern getragen.
Ihr Vater pflegte oft zu sagen, dass es gut wäre, die Perlenkette für die schlechten Zeiten aufzubewahren – als Notgroschen. Es könnte passieren, dass sie in Hungersnot geraten. Die Töchter nahmen die Worte des Vaters in sich auf.
Damit war die Geschichte von der Perlenkette zu Ende gegangen.

Nach Emmas Traum blieben ihr nur zwei Tage, um herauszufinden, was dieser Traum wohl mit ihr und ihrer Schwester Dada auf sich hatte. Am dritten Tag danach erhielt Emma eine Todesmeldung von ihrer Familie.
Der achtzehnjährige Sohn von Dada war in der Nacht von Emmas Traum im Bosnienkrieg gefallen.

In dieser Nacht suchte Dada die Hälfte der gemeinsamen Perlenkette. Die Violine beweinte ein junges Leben, eine Hungersnot breitete sich über Bosnien aus, Dada brauchte ihren Notgroschen und die Perlenkette lag in einer Schublade –
in Wien.

Das Roggenmehl

Bosnien 2017

Eines Tages sagt Husejn zu seiner Frau: „Es ist nicht mehr auszuhalten, ständig flattern die blauen Briefumschläge ins Haus. Was haben wir verbrochen, dass die Post so hinter uns her ist?“ – „In den blauen Briefumschlägen sind Mahnungen, mein Lieber“, sagt seine Frau Samka, trocken. „Damit willst du sowieso nichts zu tun haben. Du überlässt mir alle Probleme und glaubst, mit dem Geld, das du nach Hause bringst, ist alles getan. Lass bitte die Post liegen und sag nichts mehr.“

Kopfschüttelnd dreht sie sich um und verlässt die Küche.

Husejns Gedanken beschäftigen sich nur mit seinem Aussehen, sein Körper ist ihm am wichtigsten. Er setzt sich auf ein Kissen, macht sich eine Zigarette an und überlegt, wie er sein Alter überlisten kann. Denn ihm hatte jemand erzählt, dass die tägliche Einnahme von flüssigem Roggenmehl verjüngt und Kraft schenkt.

Auf der kleinen Lehmofenplatte kocht eine Bohnensuppe, für die achtköpfige Familie seit langer Zeit eine Hauptnahrung. Die sechs Kinder von Husejn und Samka freuen sich immer wieder aufs Neue, zwischen den Zähnen die warmen Bohnen fühlen zu können.

Ihr Vater Husejn ist ein kräftiger Mann. Er ist

der, der immer zuerst sein Essen bekommt. Schließlich sei er der Einzige, der das Geld nach Hause bringt, sagt er oft. Doch immer vor dem Hauptessen rührt er sich selber drei Esslöffel Roggenmehl mit Milch an und trinkt es vorweg.
Als Fünfundvierzigjähriger protzt er mit seinem Körper, als wäre er ein Bodybuilder. Er fühlt sich so stark wie ein Zwanzigjähriger, weil er weiß, dass nur in der Jugend die Kraft ist, die bewundert wird. Also, er fühlt sich verdammt jung.
Seine Frau Samka dagegen ist eine zierliche Frau, die, wenn sie im Haus ist, wie ein Taifun durch die Räume rauscht und mit ihren Pluderhosen zugleich den Fußboden fegt. Eine wahrlich fleißige Frau, die auch nächtelang ohne Schlaf auskommt. Auch dann, wenn ihre Hände ruhen, arbeitet ihr Geist weiter. Sie ist es gewohnt, für die Erziehung der Kinder allein die Verantwortung zu tragen.
Husejn kann nicht lesen und nicht schreiben. Er glaubt, mit seinem Körper das Wissen erwerben zu können, mit dem er den Menschen erzählend beibringt, wie der Körper aufgebaut wird, und er hofft, damit auch Geld verdienen zu können.
Nach einer langen Dürrezeit war in diesem Sommer die Roggenernte Gold wert!
Auf dem Boden des alten Hauses hat Husejn seine Mehlsäcke eingeschlossen, damit seine Frau Samka nicht auf die Idee komme, für die Kinder ein Roggenbrot zu backen. Keiner darf sein Mehl anfassen! Es ist nur für seine Muskeln bestimmt.

Die Kinder gehen ohne Roggenbrot zur Schule. Die Nachbarmänner bewundern Husejns Körper, und seine Frau Samka schreibt in dem nahegelegenen Lebensmittelgeschäft sowie beim Müller an, um die Kinder einigermaßen ernähren zu können.

Es vergehen Tage und Wochen. Die blauen Briefumschläge bleiben ungeöffnet.

Eines Tages ruft Husejns Firma an, die ihn als Ungelernten beschäftigt hatte, um ihn für einige Zeit im Straßenbau weit weg von Zuhause einzusetzen.

Bevor er seine Reisetasche packt, holt er vom Boden eine Papiertüte voll mit Roggenmehl herunter, um es mitzunehmen. Der Schlüssel zum Boden bleibt in Husejns Eile in der Tür stecken.

Er verabschiedet sich kurz von seinen Kindern. Von seiner Frau verabschiedet er sich nur
mit einem Blick.

Am nächsten Tag kommt Samka samt ihren sechs Kindern auf eine Idee. Sie holt aus dem Schuppen zwei Säcke Weizenmehl, schleppt mit den Kindern das Mehl zum Boden die Treppe hoch, tauscht die Säcke um, und mit dem Roggenmehl und den blauen Umschlägen fährt sie zum Müller.

„Ich habe kein Geld, um meine Schulden bei dir auszugleichen. Such‘ bitte deinen Umschlag aus, ich bezahle meine Rechnung mit dem Roggenmehl“, sagt Samka weinend.

Der Müller wiegt das Mehl ab, und die restlichen Säcke nehmen Samkas Kinder mit, um damit in den Lebensmittelgeschäften die Schulden zu begleichen. Zum Schluss ist Samka alle blauen Briefumschläge losgeworden. Die Schulden hat sie mit dem Roggenmehl ausgeglichen. „Für zwei große Brote haben wir den Rest vom Roggenmehl für uns“, sagt sie lächelnd und fängt an, den Brotteig vorzubereiten.

Die Kinder können es nicht abwarten, dass das gebackene Brot abkühlt. Sie brechen ein Stück nach dem anderen ab. Samka gießt etwas Maisöl auf den Teller, streut etwas Salz und Pfeffer darüber, und jeder tunkt sein Brotstück in das Öl ein.

Nach einigen Tagen kehrt Husejn von seinem Arbeitseinsatz zurück.

Seine Frau begrüßt ihn ohne Brimborium. Die Kinder umarmen ihn.

Die Vorbereitung für das Mittagessen ist im Gange, die Bohnensuppe wartet, aufgetischt zu werden. Husejn geht wie üblich zum Boden, um für seinen Muskeltrunk Roggenmehl zu holen. Plötzlich stellt er fest, dass er den Bodentürschlüssel gar nicht bei sich hat. Auf seine Frage, ob jemand weiß, wo der Schlüssel ist, schütteln alle mit dem Kopf.

„Niemals hättest du uns den Schlüssel anvertraut, wir haben keinen Zugang zu ‚deinem' Boden“, sagt Samka und fängt an, mit den Kindern die Bohnensuppe zu essen.

Vor sich hinmurmelnd kommt Husejn mit dem Mehl die Bodentreppe herunter. „Der Schlüssel

steckte in meiner Abwesenheit die ganze Zeit in dem Bodentürschloss.“
Die Kinder verziehen keine Miene.
Husejn bereitet sich seinen Muskeltrunk zu. Nach dem Trinken streckt er seine Brust nach vorne aus und fängt an, die Bohnensuppe auszulöffeln.
Nach einigen Tagen beschwert sich Husejn bei seiner Frau, ihm sei der Magen wie ein Stein schwer geworden. Mit der Verdauung habe er plötzlich große Probleme. Und dass das sogenannte Roggenmehl nicht mehr seinem Magen guttue. Er wolle damit aufhören.
„Das Alter lässt sich nicht betrügen“, sagt er und setzt fort: „Mein Vater hat einmal gesagt, dass jede Mahlzeit mit einem Glas Wasser anfängt.“
Fest entschlossen, mit dem Roggenmehltrunk aufzuhören, zieht Husejn aus seiner Hosentasche den Bodentürschlüssel heraus und gibt ihn seiner Frau.
„Ich brauche ihn nicht mehr. Ab jetzt trinke ich lieber ein Glas Wasser vor dem Essen.
Mit dem Roggenmehl kannst du unsere Schulden begleichen, um endlich die blauen Briefumschläge loszuwerden.“

Das Herz aus Stein

Hamburg 2016

An einem Herbstmorgen klingelte das Telefon. Ein kurzes Gespräch fand statt, denn Ellen wollte schnell duschen, sich für den bevorstehenden Arbeitstag vorbereiten. Auf dem Esstisch standen ein Toaster bereit und ein Glas mit der selbst gemachten Himbeermarmelade. Das Wasser für den Filterkaffee kochte; der Kaffee musste nur noch aufgegossen werden. Ein Ritual vor der täglichen Arbeitspflicht. Morgen für morgen.

An Arbeitstagen haben Telefonanrufe nichts zu suchen, meinte Ellen und ging unter die Dusche. Aus einem Transistorradio, das sich auf einem kleinen Schrank im Badezimmer befand, klang leise Musik.

Es geschah etwas Seltsames.

Der Mann, der Ellen an jenem frühen Morgen anrief, hatte sie gebeten, auf sein ihr gewidmetes Steinherz, das sie seit dem gemeinsamen Urlaub im Süden an der Halskette trug, gut aufzupassen. Es sollte eine Art Talisman werden, der sie überall schützen sollte. Wie verhext, kaum unter der Dusche angelangt, das Wasser aufgedreht, löste sich plötzlich das Herz aus Stein von der Kette und fiel herunter. Ellen hörte nur ein knalliges Klirren auf dem Wannenboden, und in dem Augenblick sah sie die zwei Hälften des Herzens unter der Dusche liegen. Sie nahm sie in die Hand, legte sie auf die Handfläche und sah sie lange an. Das Wasser aus der Dusche lief über ihre Haare, über ihren Körper. Wie versteinert stand sie eine ganze Weile unter dem Wasserstrahl. Sie fragte sich erstaunt, ob das, was geschehen war, etwas zu bedeuten hätte.

Das Herz aus Stein hat seine eigene Geschichte.Aus den gegenseitigen Gefühlen geformt nahm es in Ellens Inneren einen besonderen Platz ein. Still bewahrte es die wunderschönen Erinnerungen an einen unvergessenen Sommer. Zurückgekehrt in die Realität des Lebens kämpfte Ellen gegen das Vergessen der Geschehnisse, die ihrer beider Leben zum Teil veränderten. Der Mann versprach ihr eine sorglose Zukunft mit ihm, schwor ihr seine Liebe zu ihr, die er noch nie in seinem Leben so innig gefühlt hätte.

Um der Gegenwart willen ging sie die nächsten Tage ihren Pflichten nach. Arbeiten war angesagt. Für das finanzielle Überleben reichten die Erinnerungen allein nicht, doch die Seele und das gemeinsame Herz aus Stein spendeten genügend Wärme, um durch das tägliche Leben einigermaßen durchzukommen. Nun war das Herz geteilt. Ellen dachte, es könnte mit dem Sekundenkleber wiederhergestellt werden, doch sie ließ die beiden Herzhälften in einer Schublade liegen. Die kurzen morgigen Telefongespräche wurden von Tag zu Tag die einzige Verbindung von Seele zur Seele, von Herz zu Herz.

Im folgenden Herbst bekam Ellen Besuch. Der Mann, den sie im letzten Sommer im Süden kennengelernt hatte, stand plötzlich vor ihrer Tür. Ohne Ankündigung stand er da. Sie hieß ihn herzlich willkommen. Sein Besuch in Hamburg löste in ihr einen Gedanken aus. Sie dachte, sie könnte jetzt, einige Jahre nach dem Tod ihres Mannes, ihrem Leben ein neues Ziel setzen. Ellens Freude war groß. Sie dachte an einen neuen Anfang beiderseits. Sie sah in seinen Augen ein neues Licht. Sie sah und spürte, wie glücklich sie beide bei seiner Ankunft wurden. Nicht nur ihrer selbst wegen, sondern auch seinen Empfindungen gegenüber versprach sie sich mit ihm einen Weg in eine neue Zukunft.

Vor ihren Augen liefen die traumhaften Bilder ihres gemeinsamen Aufenthalts im Süden ab. Der Mann blieb drei Tage in Hamburg. Er wurde immer ruhiger, ging kaum auf Ellens Gespräche ein. Kurz vor seiner Abreise verhielt er sich sehr seltsam. Sie holte das zersplitterte Herz aus der Schublade heraus und bat ihn, die zwei Hälften des Herzens beim Juwelier wieder zu einem zu machen und beim nächsten Besuch das reparierte Herz mitzubringen.

Nachdem er Hamburg verlassen hatte, vergingen Tage und Monate. Von ihm kam keine Post. Ellen fragte sich, was dieses Verhalten auf sich hatte. Eines Tages rief er an. Er bat sie um Hilfe, ob sie sich umhören könnte nach einer Einzimmerwohnung in Hamburg.

Er würde gerne aus Jena nach Hamburg umsiedeln, um in ihrer Nähe zu sein. Plötzlich, als wenn es vorher keine Nachrichtenblockade seinerseits gegeben hätte, bekam Ellen täglich Mails von ihm. Seine Gefühle schwankten. Von Tag zu Tag schrieb er immer wieder über seine neuen Lebenspläne, voller Wirrwarr. Er schrieb, er müsse aus Jena weg, lieber gestern als heute, müsse in ihrer Nähe sein. Ellen nahm diese Situation sehr ernst, suchte für ihn indirekt nach einer Lösung, um ihm seine Lebenssituation zu erleichtern. Doch, es kam ihr so vor, als wüsste der Mann selber nicht, was er wollte. Um sein Leben zu ordnen, versuchte sie in ihren Mails, sein zerstreutes Inneres einigermaßen zu beruhigen, doch er ließ mit seinen Aufforderungen, ihm zu helfen, nicht nach. Für Ellen wurde diese Situation zu einer seelischen Belastung. Eines Tages schrieb er an sie ein Gedicht – über seine große Liebe.
Unter das Gedicht schrieb er einen kurzen Satz:
„Können wir Freunde bleiben?!"
Diese Verwirrung übertrug sich auf Ellens Seele. Plötzlich wusste sie nicht mehr, wie sie sich weiterhin verhalten sollte. Über sein Leben hatte sie in ihrer kurzen gemeinsamen Zeit kaum etwas erfahren. Sie fragte sich, wovor er wegläuft.
Auf alle ihre Fragen bekam Ellen keine Antwort, bis er eines Morgens vor ihrer Tür stand. Er hielt die zwei Hälften des zersplitterten Steinherzens in seiner Hand, gab sie Ellen zurück und sagte:
„Ich kann SIE nicht verlassen!"

Die weiße Bettdecke
Kiel / Möltenort 2011

Der Morgen erwacht plötzlich im Weiß. Verträumt wirkt die Landschaft. Die öden Felder von gestern sind heute eine weiße Bettdecke, die mich an meine Kindheit erinnert.
Es gab nur eine weiße Bettdecke in dem Elternhaus, die unsere Mutter selbst genäht hatte und die so groß und breit war, dass wir elf Geschwister uns nachts mit ihr zudecken konnten. Für uns Kinder war es ein Segen, als unsere zwei ältesten Schwestern kurz hintereinander heirateten. Anlass für diese Freude war die weiße Bettdecke. Ich erinnere mich sehr an den ersten Schlaf ohne unsere großen Schwestern.
Es gab kein Hin- und Herziehen mehr von einer Seite zur anderen.
In dieser Nacht habe ich zum ersten Mal unter dieser weißen Bettdecke durchgeschlafen, ohne mich zu wälzen.
Am nächsten Morgen bin ich mit warmen Füßen und zugleich mit einer Schwere in der Brust aufgewacht.
Zwei Schwestern waren nicht mehr bei uns. Wir, die Zurückgebliebenen,
waren sehr traurig, hätten lieber das Tauziehen mit der weißen Bettdecke weitergemacht, als unsere Schwestern heiraten und aus dem Elternhaus wegziehen zu sehen.

Heute liegt immer noch die weiße Bettdecke sauber verpackt auf dem Boden des Elternhauses, in dem keiner von den Geschwistern mehr wohnt. Wie die kleinen Vögel verließen wir alle nach und nach unser Nest, flogen in die Welt hinaus.
Unser Bettlager hat mit neuen Geschichten angefangen.
Hin und wieder kommt die eine oder andere Schwester vorbei, um die Räume des Hauses zu lüften, einen Mocca zu trinken und dabei mit Nostalgie im stummen Dialog die Erinnerungen zu wecken, die für einen Augenblick das Haus beleben. Die Tür wird danach wieder abgeschlossen und der Schlüssel ruht unter der Fußmatte vor dem Hauseingang so lange, bis der Nächste kommt, die Tür aufschließt, Räume durchlüftet, Mocca trinkt und mit Nostalgie im Dialog die Erinnerungen für einen Augenblick belebt.

Draußen blühten Magnolien
Hamburg 1992

Ein kühler Aprilabend. Die bosnische Familie Rudnik saß Schulter an Schulter in der Küche und lauschte dem Sprecher aus dem Lokalradio: „Morgen Abend werden mehrere Busse mit bosnischen Flüchtlingen in der Hansestadt eintreffen."

Bosnische Flüchtlinge? Wie werden sie hier aufgenommen werden? Wo werden sie unterkommen?

Nadja standen plötzlich Tränen in den Augen. Ishak und ihre drei Kinder versuchten, sie zu beruhigen. Sie spürte zum ersten Mal, dass ihr die Nähe der Kinder nicht leicht war. In ihrer Beklommenheit fühlte sie sich plötzlich allein, dachte an ihre Geschwister, die vielleicht auch unter den Flüchtlingen sein könnten, dachte, wie gut es war, dass sie vor Jahren als einzige von zehn Geschwistern aus Liebe zu Ishak Bosnien verlassen hatte und mit ihm nach Deutschland gegangen war. Dass sie mit ihrem Mann und ihren Kindern in Hamburg ein glückliches Zuhause aufgebaut hatte. Vielleicht könnte sie einige Flüchtlinge in ihrem Haus aufnehmen? Vielleicht würde ja auch der Krieg nur wenige Tage dauern und morgen bliebe nur eine böse Erinnerung.

Plötzlich fasste sie einen Entschluss, stand auf, verabschiedete sich kurz von ihrem Mann und

den Kindern, zog eine warme Jacke über und fuhr Richtung Hamburger ZOB.
Ishak war ratlos. Was sollte er tun? Voller Zweifel und sehr besorgt blieb er mit den Kindern im Haus und bereitete das Essen vor.
Am Hamburger ZOB mischte sich Nadja unter die aufgewühlte Menschenmenge. Improvisierte Erste-Hilfe-Stände waren bereits vor Ort aufgebaut. Es gab Wasser, Kaffee, Kuchen und belegte Brötchen.
Wie würden sie aussehen, diese Flüchtlinge aus Bosnien, diese Heimatvertriebenen?
Einige Tage zuvor, nachdem die ersten Nachrichten vom Bosnien-Konflikt zu ihnen gedrungen waren, hatte sich Nadja über das deutsche Flüchtlingsgesetz informiert.
Bei der Ausländerbehörde in Hamburg wurde ihr gesagt, dass es über die Rechte und Behandlung von Bürgerkriegsflüchtlingen tatsächlich ein Gesetz gäbe. Demzufolge hätten sie kein Recht auf Sozialhilfe, auch kein Recht auf Unterbringung. Ihr Status wäre ungewiss und ihr Aufenthalt unklar.
Wenig später hieß es, dass alle Flüchtlinge sowie Vertriebene einen „Duldung“-Status bekommen sollten und die, die nicht von Gastfamilien aufgenommen würden, vorläufig auf Wohnschiffen im Hafen Obdach fänden. Unterdes füllte sich der Hamburger ZOB mit Menschen aus allen Richtungen in Erwartung der Flüchtlinge. Die Bevölkerung wurde aufgefordert, Mitmenschlichkeit zu

zeigen und den Betroffenen Unterkunft zu gewähren. Vertreter einiger politischer Parteien und humanitärer Institutionen waren schon vor Ort. Nadja erkannte außer vielen bekannten Gesichtern jugoslawischer Freunde auch eine Journalistin von der Hamburger TAZ. Beim Zeitungskiosk warteten geduldig die Kollegen vom Hamburger Abendblatt.

Die Menschenmenge unterhielt sich heftig über die Ereignisse auf dem Balkan. Die in Hamburg lebenden Jugoslawen bildeten an diesem kühlen Aprilabend die größte Gruppe. Die einen fragten sich, warum ausgerechnet Hamburg so viele Flüchtlinge aufnehmen solle, die anderen warfen den Zauderern vor, vergessen zu haben, wie es im 2. Weltkrieg in Deutschland mit Vertreibung und Flucht ausgesehen hatte. Den immer heftigeren Streit übertönte eine Stimme aus dem Lautsprecher: „Die Flüchtlingsbusse werden in wenigen Minuten Hamburg erreichen."

Die Ex-Jugoslawen unterhielten sich flüsternd in kleinen Gruppen.

„Auf wen wartest du?", fragte Nadja eine Bekannte. „Auf alle und niemanden."

Die Frage war überflüssig, denn auch sie selbst, Nadja, hätte in dieser Situation auf solche Frage keine Antwort gewusst. Denn diese Situation war so anders gewesen, damals, Ende der Sechziger, als sie als junge Frau nach Hamburg gekommen war. So völlig anders.

Damals waren die jugoslawischen Gastarbeiter

einzeln eingetroffen, um hier zu arbeiten. Immer in den Ferien waren sie dann mit Bussen vom Hamburger ZOB nach Süd-Ost-Europa gefahren, waren voll bepackt mit südländischen Kräutern und Lebensmitteln aus ihrer Heimat zurückgekommen, genau wie die Gastarbeiter aus der Türkei, Portugal, Italien oder Griechenland. Der ganze Balkan schien sich dann auf diesem Busbahnhof zu treffen, eine Mischung aus allen slawischen Sprachen. Immer, wenn Nadja sich dort einfand, um neue Landsleute zu treffen, war die Luft von Zigarettenrauch verseucht.
Außerdem roch es jedes Mal nach diversen Kräutern, geräuchertem Fleisch und nach Sliwowitz. Am ZOB konnte man sich satt atmen an den Heimatdüften, und jedes Mal kehrte sie glücklich in ihre Hamburger vier Wände zurück. Niemand wusste, welche Mengen an Lebensmitteln aus den Balkanländern täglich angeschleppt wurden. Illegal. In den Bussen aus dem Süden sammelten die Gastarbeiter Schweigegeld für die Grenzbeamten, um nicht erwischt und bestraft zu werden. Die Busfahrer kooperierten mit den Zollbeamten. An den Grenzübergängen fand routinemäßig die fällige Geldübergabe statt, und die Busse konnten, ohne kontrolliert zu werden, weiterfahren. Über jede geschmuggelte Flasche Sliwowitz freuten sich die Reisenden, als hätten sie im Lotto gewonnen. Schließlich sollte die Heimat auch im Ausland leben, in den Seelen dieser Menschen. Um jeden Preis.

In all den Gastarbeiterjahren hatte sich am Hamburger ZOB nichts geändert. Der Busbahnhof blieb der zentrale Treffpunkt der Südost-Europäer. Doch dies heute war anders. Es würde das Leben der Jugoslawen in Hamburg grundlegend verändern. Unvermittelt, mit den ersten Granaten im Jahre 1990, die in Slowenien von der damals noch jugoslawischen Armee abgefeuert wurden, waren alle Busreisen nach Ljubljana, Zagreb, Sarajevo und Belgrad vom Fahrplan gestrichen.
In ihrer Heimat herrschte plötzlich Krieg. Und an jenem Aprilabend 1992, „Die Nacht der Flüchtlinge“ genannt, wurde der Hamburger ZOB zum Mittelpunkt des Fluchtgeschehens.
Ein kalter Nebelhauch lag über der Menschenmenge. Die Gesichter wirkten wie verschleiert. Hin und wieder versuchte Nadja, mit einigen Landsleuten zu reden, belanglose Fragen zu stellen. Das Warten wurde zum Horror. Sie musste unbedingt auf andere Gedanken kommen. Zu ihrer Linken sah sie einige Frauen, die sich Taschentücher vor den Mund hielten, weil sie bitterlich weinten.
„Ist jemand von dir auch dabei“, fragte sie eine von ihnen. Ihr trostloser Blick war für Nadja genug, um keine weiteren Fragen zu stellen.
Sie wandte sich um, beobachtete aber aus einiger Entfernung weiter die Gesichtszüge der Frau. Bestimmt war sie eine von den ersten Jugoslawinnen, die als Gastarbeiterinnen nach Deutschland

gekommen waren. Nadja versuchte sich vorzustellen, was sie wohl damals in den Sechzigern dazu bewegt hatte, ihre Heimat zu verlassen.
War sie, so wie sie selbst, aus Liebe zu einem Mann in den Norden gekommen, oder wurde sie für irgendwelche unqualifizierten Jobs angeworben und war in einer Schokoladenfabrik gelandet wie Hunderte von Landsmänninnen auch? Womöglich hatte sie über Jahre hinweg in einem Frauenwohnheim sechs Quadratmeter mit weiteren fünf Zimmergenossinnen geteilt.
Ihr Gesicht wirkte verbraucht und müde. Doch Nadja spürte in ihren verweinten Augen immer noch die alte Wärme, die alte südländische Gutmütigkeit. Das tröstete sie in dieser kalten, schier endlosen Nacht.
Nadjas Gedanken wurden von Blaulicht unterbrochen. Polizei umzingelte den von wartenden Menschen überfüllten ZOB. Wie anders doch 1964 in Deutschland, als der millionste Gastarbeiter mit Geschenken empfangen wurde! Nun waren die Menschen auf der Flucht. Wer würde sie mit Blumen empfangen?
Langsam rollte, von einem Polizeiwagen begleitet, eine Buskolonne auf das eingezäunte Gelände. Münchener Kennzeichen. Nadja zählte sechs Busse. Die Menschen wurden aufgefordert, hinter die markierte Abgrenzung zurückzutreten. Die Jugoslawen unter ihnen versuchten, wenigstens in der ersten Reihe zu bleiben und den Flüchtlingen näher zu sein.

Nadja hatte sich, um bei ihrer Ankunft helfen zu können, zu einem improvisierten Kaffeestand im ZOB-Zentrum begeben. Von dort aus beobachtete sie das Gedränge.
Die Kordel-Umgrenzung war bereits niedergetrampelt, die Polizei verlor die Kontrolle. Wie in Trance rückten die Menschen immer näher an die Busse. Manche waren so nahe, dass sie die Fahrzeuge berührten.
Die Busfahrer versuchten, die Türen von innen aufzumachen. Vergebens. Endlich, nach strenger Lautsprecher-Aufforderung der Polizei, zog sich die Menschenmenge zurück, und die Flüchtlinge konnten nach und nach aus den Bussen aussteigen. Jeder von ihnen trug eine Plastiktüte oder ein Bündel in der Hand.
Nadja sah aus der Entfernung blasse, unbekannte Gesichter. Die Menschen schienen sehr erschöpft. Im Schneckentempo gingen sie hinter den Polizisten her, die sie zum ZOB-Zentrum begleiteten.
Was für ein Unterschied zu damals, dachte Nadja, was für ein himmelweiter Unterschied! Es fiel ihr verdammt schwer, in die einzelnen Gesichter zu schauen. Jeder von denen, da war sie sich sicher, sogar die Kinder, hatte eine schreckliche Geschichte unter seiner Haut versteckt.
Nadja konnte nicht mehr klar denken. Sie bat ihre Freundin Elisabeth, sie am Kaffeestand abzulösen. Ihr war beim Anblick dieser unglücklichen Ankömmlinge klar geworden, dies war ein neuer Typus von Exilanten: Bürgerkriegsflüchtlinge.

Menschen, die gerade noch ihr nacktes Leben hatten retten können. Menschen, deren ganze Habe in eine Plastiktüte passte.
Plötzlich wurde sie von einem der Polizisten gefragt, ob sie nicht übersetzen könne? Ja, doch, sicher. Nadja sprang von einer Übersetzung zur anderen, antwortete den Flüchtlingen auf Fragen, die von Seiten der Polizei kamen, spürte in ihren Augen eine schreckliche Angst. Kinder weigerten sich, in fremde Autos zu steigen, sie sprachen ja kein Deutsch. Das Kindergeschrei auf dem Busbahnhof ging ihr unter die Haut. Es herrschte Chaos.
Ein Jugendlicher bat seine Mutter, nicht mit einem fremden Mann zu fahren, der sie angesprochen hatte, und kam auf Nadja zu.
„Wir möchten nicht mit irgendeinem Fremden fahren. Können wir nicht zu Ihnen kommen?“, fragte er sie.
Nadja spürte seine Beklommenheit. Schnell entschlossen sagte sie: „Ja, ich nehme euch mit. Ihr müsst euch nur ein wenig gedulden, bis ich mit der Arbeit hier fertig bin. Dann fahren wir zu mir.“
Der Junge ging zu seiner Mutter zurück. Aus dem Stimmengewirr hörte Nadja ihn sagen: „Siehst du, Mama, man muss nur Geduld haben.“
Zwei deutsche Mütter nahmen ein Ehepaar mit ihren Kindern mit, eine alte Frau wurde von Nadjas Freundin Elisabeth mitgenommen. Die anderen sprachen die Verteilung der Flüchtlinge mit

Polizisten ab und lösten das Problem rasch. Diejenigen, die nicht von Gastfamilien mitgenommen wurden, stiegen in mehrere Busse ein, die sie zu den Wohnschiffen an die Elbe brachten.
Der Busbahnhof leerte sich langsam. Es wurde zwei Uhr nachts. Der Nachtnebel legte sich über das Gelände. Nadja sah vor der nahegelegenen Sitzbank zwei Gestalten stehen.
Zwei kleine Kinder saßen auf der Bank schlafend, ihre Köpfe an ein Bündel gelehnt. Es hatte sich wahrscheinlich niemand gefunden, der sie mitnehmen konnte. Alle Gastfamilien waren schon weg. Nadja blieb nichts anderes übrig, als auch sie mitzunehmen. Unterwegs sprachen sie kein Wort miteinander. Mit sechs Personen fuhr Nadja vom ZOB nach Hause, ohne darüber nachzudenken, ob sie angeschnallt waren oder nicht. Auf dem Rücksitz, völlig erschöpft, schliefen die zwei kleinen Kinder in den Armen der Eltern, und auf dem Beifahrersitz hielt sich der Junge an Mutters Schulter fest.
Für Nadja ist es heute noch ein Rätsel, wie sie es damals geschafft hatte, so zu fahren, ohne Angst zu haben, dass sie von der Polizei erwischt werden würde.
Zu Hause angekommen, warteten Nadjas Mann Ishak und ihre drei Kinder, Alma, Raisa und Adnan. Nadja hatte in dieser Nacht vom ZOB aus ihre Familie benachrichtigt, dass sie mit sechs Flüchtlingen kommen werde, einem kroatischen Ehepaar mit zwei Kindern und einer bosnischen

Mutter mit einem Sohn. Nadjas und Ishaks Familienangehörige waren nicht unter den Flüchtlingen. Wie sie aus Sarajevo geflüchtet waren, konnte keiner wissen.

Die Betroffenen wurden an der Haustür von Nadjas Familie herzlich begrüßt, gingen alle die Treppe in das Obergeschoss des Hauses. Auf dem Teppich lag eine Tischdecke, auf der das Essen ausgebreitet wurde. Rundherum lagen Kissen als Zeichen einer Einladung, beim Trinken und Essen zu entspannen.

In dieser Nacht erzählten sie, wie sie dem Tod entkommen waren. Erst in den frühen Morgenstunden fanden sie nach und nach den ersehnten Schlaf. Nadjas Kinder konnten am nächsten Tag wegen der traurigen Erzählung der Flüchtlinge nicht zur Schule gehen. Sie waren sehr betrübt und traurig.

Der erste Tag in Sicherheit verlief für die Betroffenen sehr ruhig. Das kroatische Flüchtlingsehepaar Slavenko und Marija Roriċ zog sich mit den beiden Kindern Vesna und Ivan in die Dachwohnung des Hauses zurück. Die bosnische Mutter Jasna saß im Wohnzimmer mit ihrem Sohn Irfan und trank mit Nadja einen Mokka.

„Seitdem ich auf der Flucht bin, habe ich keinen richtigen Mokka getrunken. Das Leben ohne Mokka und Tabak war vor dem Krieg in Bosnien kaum vorstellbar", sagte sie leise. Der nach bosnischer Art zubereitete Kaffee tat ihrer Seele gut. Der zwölfjährige Sohn freute sich, das Gesicht

seiner Mutter wieder etwas entspannter zu erleben.
In den nächsten zwei Nächten hörte Nadjas Familie auf kaum verständlicher Radiofrequenz aus Sarajevo, in welchen europäischen Ländern die Flüchtlinge aus Bosnien noch aufgenommen wurden. Es fing die Suche nach den Familienüberlebenden an, die irgendwo auch auf der Flucht waren. Aus dem Radio erklang eine raue Stimme. Es wurden Namen von Flüchtlingen vorgelesen, in welchen Bussen sie Bosnien verlassen hatten und in welche Länder sie gebracht wurden.
Nadja hörte plötzlich Slavenko die Wendeltreppe herunterlaufen. Er setzte sich neben Ishak auf den Teppichboden, wälzte das Radio hin und her, um besser zu verstehen, bis die Stimme des Radiosprechers ganz und gar verschwand.
„Slavenko, was machst du?“, fragte Nadja.
„Ich will wissen, wo meine Mutter ist“, sagte er.
In dem Augenblick drehte sich Ishak zu ihm und schrie ihn an: „Ich möchte auch wissen, was mit meiner Mutter in Sarajevo passiert ist! Lass bitte das Radio in Ruhe und hör zu!“
„Ishak, wir haben das Land nicht zusammen verlassen. Verstehst du?“, erzählte Slavenko weiter. „Ich bin Journalist und war unter den ersten, die aus Bosnien flüchten mussten. Mit Hilfe eines Humanitär-Transporters nahm ich meine Kinder und meine Frau Maria auf die Flucht mit. Meine Mutter sollte mit den alten Menschen aus meiner

Stadt in Sicherheit gebracht werden, hörst du? Über Österreich fuhren wir, versteckt unter einer Transportplane, Richtung Schweiz. In der nächsten Nacht in der Stadt Bern angekommen, weigerte sich die Schweizer Behörde, weitere Flüchtlinge aufzunehmen, und schickte uns mit einem Bus nach Deutschland", erzählte er.
Seine Stimme zitterte. Nadja sah Tränen in seinen Augen. Es wurde plötzlich still im Raum. Sie beobachtete sein Gesicht so intensiv, als hätte sie ihn gerade zum ersten Mal gesehen. Waren seine Tränen der Auslöser ihrer Gefühle ihm gegenüber? Wie gerne hätte sie ihn in diesem Augenblick in den Arm genommen, aber sie hielt sich zurück.
Slavenko war ein großer Mann, ungewöhnlich groß für einen Mann vom Balkan aus seiner Generation, denn nach Nadjas Schätzung könnte er Ende Fünfzig sein. In diesem Augenblick erinnerte sie sich an die Worte ihrer Mutter. Wie oft hatte sie den Kindern erzählt, dass es früher wenig zu essen gab. Durch die einseitige Ernährung konnten die Nachkriegskinder kein gesundes Wachstum erreichen, was auch Nadjas vier Brüder betraf.
Ishak stand auf, nahm eine Zigarette und das Feuerzeug mit und ging nach draußen.
Slavenko lag auf dem Bauch, drehte am Radio immer hin und her. Die Geräusche anderer Sender überlagerten ständig die Frequenz Sarajevos. Manchmal hatte er das Gefühl, Mutters Namen

gehört zu haben. Er fing an zu erzählen, dass er zwei Tage vor der Flucht zuerst seine Mutter retten wollte.
Er gab einem serbischen Soldaten viel Geld, damit er ihr am Grenzübergang Republika Srpska die Flucht nach Kroatien ermöglichte. Dieser Soldat kam aus demselben Dorf wie Slavenko. Einst hatten sie gemeinsam Feste gefeiert, das gleiche Brot gegessen, dieselbe Sprache gesprochen.
„Er war ein Serbe, ich habe ihm trotzdem vertraut", erzählte er und zündete dabei eine neue Zigarette an.
In dem Aschenbecher lagen einige Zigarettenkippen, die Asche fiel oft auf den hellen Teppich, der Rauch verbreitete sich in allen Räumen. Slavenkos Erzählen versetzte alle Anwesenden ins Schweigen. Nadjas Hände zitterten, sie wagte es nicht, irgendwelche Fragen zu stellen.
Aus dem Radio kam wieder die Stimme des Sprechers: „Die Schweiz nimmt keine Flüchtlinge mehr auf, in Österreich wurden zwei Busse voller Flüchtlinge in ein Flüchtlingslager gebracht."
„Was ist mit den Namen der Flüchtlinge", fragte Slavenko hysterisch, kaute an seiner Zigarette, der zerkleinerte Tabak fiel aus seinem Mund und landete auf dem hellen Teppich. Seine Frau versuchte, ihn zu beruhigen, seine Kinder weinten ununterbrochen. Die Radiofrequenz verlor sich in Slavenkos Geschrei.

Nadja stand auf, nahm ihre Kinder mit und verließ das Wohnzimmer. Sie erlebte einen Schock nach dem anderen, wusste nicht, wie sie sich verhalten sollte.
Es herrschte Krieg in ihren eigenen Räumen, zweitausend Kilometer von Bosnien entfernt, in dem Land, in dem Flucht, Vertreibung, Vergewaltigung, Tötung an der Tagesordnung waren. Es war Mai. Draußen blühten Magnolien.
Slavenko zog sich immer wieder in die Dachwohnung zurück, sprach kaum, rauchte eine Zigarette nach der anderen. Nadjas Familie verstand das Verhalten der Flüchtlinge, versuchte ihnen das Leben in Freiheit möglichst angenehm zu machen. Sie brauchten nichts zu tun, brauchten keine Pflichten auf sich zu nehmen. Die einzige Aufgabe, die die Flüchtlinge sich selber gestellt hatten, war, täglich Informationen auf Sarajevos Radiofrequenz zu suchen, um zu erfahren, was mit den anderen Flüchtlingen geschah und wohin sie gebracht wurden.
Slavenkos Frau Marija war eine zierliche Person, ihr Gesicht ähnelte einer weißen Porzellanschale. Die langen schwarzen Haare trug sie zu einem Zopf nach hinten gebunden. Sie sprach kaum, antwortete nur auf die Fragen, die an sie gerichtet wurden. Ihre leise Stimme zitterte jedes Mal, wenn sie sprach. Nadja spürte in dieser Stimme Angst, eine erschütternde Angst.
„Marija, du bist hier sicher, hier schlagen keine Granaten ein, fallen keine Bomben. Hier wird dir

keiner etwas antun, du brauchst keine Angst zu haben", sagte Nadja, hielt Marias Hände in ihren, und schaute ihr in die tiefen traurigen Augen. Sie wirkten wie zwei ausgehöhlte schwarze Löcher, die Augenränder waren wie vom Stacheldraht umzingelte Gräben. Ein schrecklicher Anblick.

Nadja versuchte, auf andere Gedanken zu kommen, überlegte, wie sie Marija bewegen könnte zu erzählen. In dem Augenblick kamen Marijas Kinder, Vesna und Ivan, und nahmen neben ihrer Mutter Platz.

Sie sprachen miteinander kein Wort. Nur die Blicke statt Sätzen tauschten sie aus, und immer wieder drehten alle drei ihre Köpfe von Nadjas Blick weg, um auf ihre Fragen keine Antwort geben zu müssen.

Im Wohnzimmer war es angenehm warm. Der helle, weiche Teppich bot eine gute Sitzmöglichkeit. So saßen sie im Kreis zwischen mehreren Kissen, die mit Schafwolle gefüllt waren. Eine Tradition, auf dem Fußboden zu sitzen, die Nadja aus Bosnien nach Hamburg mitgebracht hatte. Um die Situation zu entspannen, kam sie auf Idee, Mokka zu kochen, lud Jasna und ihren Sohn Irfan ein, auch an dem gemeinsamen Kaffeenachmittag teilzunehmen.

Nadjas Kinder hatten an dem Tag Nachhilfeunterricht, ihr Mann Ishak war zum Einkaufen. Slavenko weigerte sich, sein Zimmer unter dem Dach zu verlassen. Nachdem der Mokka gebracht wurde und für die Kinder verschiedene Kekse auf

dem Tablett serviert waren, ging Nadja die Wendeltreppe zu Slavenkos Zimmer hoch, um ihn zu holen. Sie fand ihn auf dem improvisierten Bett liegen. Er starrte auf ein Stück Himmel, das durch ein Dachfenster zu sehen war.
Auf Nadjas Frage, ob er Kaffee trinken mochte, reagierte er nicht, stattdessen zog er sein Kissen über den Kopf. Er weinte.
„Weinen tut gut. Dadurch entlastest du deine Seele“, sagte Nadja und setzte sich an den Fuß seines Bettes.
Slavenko zog seine Beine hoch, schob das Kissen vom Gesicht und sah sie an. Minutenlang sprachen sie nicht, jeder in seinen Gedanken versunken.
Ohne Slavenko zu fragen, ob er Interesse hätte, ihr zuzuhören, fing Nadja an zu erzählen:
„Ein Mensch kann fast aus jeder Situation einen Ausweg finden. Er muss nur Geduld aufbringen und seine Hoffnung nie aufgeben. Ich weiss nicht, ob du dir denken kannst, in welcher Zeit und unter welchen Umständen ich hier in den hohen Norden kam, zweitausend Kilometer von Bosnien entfernt.“
„Du warst nicht auf der Flucht, und du kannst das nicht verstehen“, unterbrach Slavenko Nadja und zog die Bettdecke über seine Hände, als wollte er sich vor jemandem schützen.
„Um Gottes Willen, ich möchte das nicht vergleichen, aber das, was ich selber erlebt und gesehen habe, kann ich getrost weitergeben. Es gibt so

viele verschiedene Menschenschicksale, am Ende geht jeder den eigenen Weg“, sagte Nadja, stand auf und wollte gerade gehen, als Slavenko an ihrer Hand zog und sie bat, doch weiterzuerzählen.
„Ich weiß, du bist nicht auf dem Pfad meines Schicksals“, sagte sie und blieb aufrecht. „Ich gehe wieder nach unten, werde dich allein lassen. Schlaf dich frei von deinen Gedanken, deine Mutter lebt bestimmt“, sagte sie, ging zwei Schritte von seinem Bett weg. Plötzlich drehte sie sich um, sah Slavenkos traurigen Blick und fing an, im Stehen weiterzuerzählen.
„Mein Mann kam aufgrund eines beruflichen Auftrags nach Hamburg. Mit ihm kamen weitere fünf Glasspezialisten aus Jugoslawien, um an einigen Gebäuden und Kirchen die Mosaikfenster zu gestalten. Sechzehn Monate später folgte ich ihm“, erzählte sie ohne Pause aus Angst, dass sie aus dem Zeitabschnitt, der ihr Leben ganz und gar verändert hatte, nichts vergaß.
Slavenko setzte sich plötzlich aufrecht, schob die Kissen hinter seinem Rücken zusammen und lehnte sich an den mit Eisenstäben verzierten Bettkopf. Seine blauen Augen glänzten unter dem gedämpften Licht der einzigen Stehlampe in diesem Zimmer.
Es war ihm peinlich, Nadja anzuschauen, er bat sie, das Licht auszumachen. „Bald kommt der Mond am Fenster vorbei. Wenn er sich einen freien Weg durch die Wolken schafft, dann kommt er auch zu mir herein“, sagte er leise und

glättete die zerfranste Bettdecke. Nadja setzte sich zu seinen Füßen, rückte weiter Richtung Bettkante nach rechts, um Slavenkos Füße nicht zu berühren. „Soll ich weitererzählen?“, fragte sie nach einigen Minuten.
„Oh, doch“, sagte er und richtete sich in dem Bett auf.
Und Nadja fuhr fort: „Deutschland! Für die Südost-Europäer ein gelobtes Land, dachte ich, als der Nachtzug an der Alster langsam Richtung Dammtor fuhr. Es war im Januar. Auf der Alster glitzerte in Tausenden von Lichtern ein riesig hoher Tannenbaum, die Häuser, die Kirchtürme sowie das Hamburger Rathaus strahlten in einem prachtvollen Licht. Gestützt auf das offene Zugfenster spürte ich Tränen in meinen Augen, dachte, auf einem anderen Planeten angekommen zu sein. So eine Fülle an Licht mitten in der Nacht hatte ich bis da hin nie gesehen. Mein Mann zog mich vom Fenster weg und sagte, dass wir bald aussteigen würden. Wir sollten langsam anfangen, unsere Sachen zusammenzutragen und sie bis zur Waggontür zu bringen. Die erste Begegnung mit der Stadt Hamburg war für mich ein visuelles Erlebnis und ich freute mich schon, meinen Eltern in dem ersten Brief aus Deutschland über alles Neuerlebte zu schreiben. Sie sollten die Ersten sein, die von meinem Glück erfahren würden.“
„Hattest du das Glück auf Erden gespürt?“, fragte Slavenko interessiert.

„Und ob! Nach dem Dammtor-Bahnhof, kam unsere letzte Station, Altona. Wir stiegen aus. Es war drei Uhr nachts. Nach achtundzwanzig Stunden Zugfahrt von Sarajevo nach Hamburg zitterten meine Beine, ich konnte kaum gehen. Unsere Koffer schleppten wir nur so mit. Nach vier, fünf Schritten machten wir jeweils eine Pause. Die Schaufenster gegenüber dem Bahnhof Altona zeigten unter den grellen Lichtstrahlern eine bunte Modewelt. An einer Parkanlage angekommen, schlug mein Mann vor, den Weg abzukürzen und quer durch den Park die Straße zu erreichen, in der er wohnte. Plötzlich standen wir vor einem wunderschönen alten Gebäude, stiegen drei Treppen zum Hauseingang hoch. Die massive Eingangstür war mit Mosaikglas verziert. Ein Blumenmosaik eingefasst in Aluminiumstäbe. Mein Mann schloss die Tür auf, und wir befanden uns danach in einem großen Foyer. An der Decke hing ein riesiger Leuchter, mehrere Lampen brannten zugleich. ‚Welche Stromverschwendung', dachte ich. Der Fußboden war poliert und glänzte unter der grellen Deckenbeleuchtung. Links und rechts des prachtvollen Treppenaufgangs ragten wunderschöne grüne Pflanzen empor. Das Haus hatte fünf Stockwerke. ‚Sei bitte leise“', sagte mein Mann. ‚Bleib kurz mit den Koffern auf dem Flur, ich komme gleich, um dich zu holen', und verschwand hinter einer Wand.“

„Hatte er eine Überraschung für dich vorbereitet, bevor er nach Sarajevo gefahren war, um dich

nach Hamburg zu holen?“ Slavenko wurde unruhig, hielt seinen linken Arm auf Nadjas Schulter. Sie spürte in diesem Augenblick, wie seine Berührung in ihr eine innere Unruhe auslöste.
„Ich möchte dir nichts weiter erzählen“, sagte sie mit zitternder Stimme. Sie lernte aus Not schon damals, dass jeder neue Tag eine neue Tür aufmachen könnte, um immer wieder zu neuen Erkenntnissen zu gelangen.
„Nadja bitte, erzähle doch weiter, du kannst jetzt nicht aufhören, das macht mich neugierig und gerade jetzt hörst du auf.“
Slavenko zog so heftig am Ärmel ihres Pullovers, dass sie plötzlich auf seinem Bett lag. Schnell stand sie auf und lief aus dem Zimmer, Richtung Wendeltreppe, die zum Untergeschoss führte, wo der Mokkanachmittag stattfand.
„Ishak, seit wann bist du zurück?“, fragte Nadja verwirrt und nahm mit ihren zitterden Händen das Tablett mit dem Mokkageschirr vom Teppich und ging in die Küche.
„Ich bin seit einer Stunde wieder hier, habt ihr etwas über die Situation der Flüchtlinge erfahren?“, fragte er.
„Nein, das haben wir nicht“, sagte Nadja, während sie mit gesenkten Kopf Mokkatassen spülte. Ishak sollte die Röte in ihrem Gesicht nicht merken.
„Heute Abend werden wir das Fernsehen einschalten. In den Nachrichten wird der Sender bestimmt über die Massenvertreibung und ethnische

Säuberung berichten. Nadja, wer von meinen und deinen Familienangehörigen auf der Flucht ist, das werden wir vielleicht erfahren können“, fügte er hinzu und zündete sich eine Zigarette an.
Jasna und ihr Sohn Irfan starrten wie gelähmt auf das Fenster, keine Bewegung der Pupillen, beide übten sich in Geduld. In welche Richtung der Krieg ihre Familienangehörigen verschlagen hatte, wussten sie auch nicht. Beide gaben keinen Ton von sich, verhielten sich sehr ruhig, fast unbemerkt.
Die unerträgliche Ruhe unterbrach hin und wieder das Geklirr des Geschirrs in der Küche.
Nadjas Hände zitterten ...

Im Labyrinth des Lebens

Kiel / Möltenort 2012

An einem regnerischen Tag tragen mich meine Füße an den Saum des Nordens. Auf einen Hügel an der Kieler Förde. Wie in einem Traum zieht ein Labyrinth alle Sinne meines Körpers an. Doch ich wage es nicht, es zu betreten. Seine Erscheinung auf dem Hügel fasziniert mich, es gleicht der unendlichen Weite der Welt. Welche Kraft hat mich an diesen magischen Ort geführt, an einen Ort, wo ich meine Erinnerungen ablegen soll – als Samen der Verkörperung zwischen meinem Süden und deinem Norden?

Vielleicht ist das der Ort, wo unsere Spuren bleiben sollen, sodass sie nicht einmal der Wind verwehen kann?

Ein Ort des Schweigens?

Es regnet immer noch.

Ich stehe vor dem Eingang des Labyrinths. Mein linker Fuß betritt den Innenraum.

In diesem Augenblick spüre ich eine schwebende Leichtigkeit meines Körpers, die Schritte werden immer schneller, ich eile zur Mitte, zu einem Ziel, das kein Ziel ist, denn in diesem Augenblick ist mein Weg mein Ziel.

Plötzlich kleben meine Füße in der nassen Erde fest, eine unbeschreibliche Kraft aus der Tiefe zieht mich nach unten, mein Körper fängt an zu wanken.

In meiner linken Hand spüre ich die Kälte eines Schlüsselbundes, der ganze Körper wendet sich nach links. Ein warmer Wind kommt und richtet mich auf.
Ein Wunder ist geschehen.
Meine Füße bewegen sich wieder. Mein Herz fühlt eine Wärme. Ich spüre in meiner Seele ein Gleichgewicht, eine Geborgenheit die mich zwischen dem Süden und dem Norden glücklich leben lässt.
Eine Wolke löst sich auf, die Sonne erhellt das Labyrinth, und ich spüre, wie sich in ihm einige sichtbare und einige unsichtbare Fußstapfen versuchen zu nähern.
Es wird still.

Ins Schicksal eingeflochten
Hamburg 2018 / 50 Jahre Deutschland

Es überrascht niemanden mehr,
dass die Literatur in der fremden Welt blüht.
Erstaunlich ist die Tatsache,
dass nicht alle Menschen,
die in der Fremde leben,
Poeten geworden sind.
Denn das Leben jedes Einzelnen
ist ein Schicksal,
ein Roman.

Geboren 1947, in dem Hungerjahr, als achtes von elf Kindern einer Textilnäherin und eines Tuchhandel-Kaufmanns, wurde ich mit sechs Jahren eingeschult. Ich erlebte meine Kindheit zwischen täglichen Pflichten und Träumen und lernte eines Tages so gut zu zeichnen und mit den Textilien so umzugehen, wie meine Mutter es konnte. Uns sieben Töchter hatte sie von klein auf in ihre sogenannte „Textilproduktion“ eingearbeitet. Sobald der Vater von einer seiner Handelsreisen aus Italien, Istanbul oder aus Syrien zurückkam, fuhren wir Kinder mit dem Holzwagen zum Bahnhof, um ihn und die eingekauften Stoffe abzuholen. Innerhalb des Landes schloss er sich immer wieder einer Handelskarawane an, und sobald die unseren Hof erreichte, liefen wir unserem Vater entgegen. Seine Töchter durften als erste die schönsten Stoffe für ihre Kleider aussuchen. Die Nachbarinnen kamen hinterher und kauften die restlichen Textilien auf. Unsere Mutter nahm von ihnen gleich die Körpermaße auf und ließ die Stoffe gleich bei uns, um daraus Bekleidung zu nähen. Vater und Mutter hatten Hand in Hand zusammengearbeitet und wir Kinder lernten, was es heißt, von eigener Produktion zu existieren.

– Ein fertiggenähtes Kleid für eine Flasche Öl! –
Es war meine Aufgabe, die genähten Kleidungsstücke in der Nachbarschaft auszuliefern. Mit der Ölflasche ging ich voller Freude nach Hause zurück, denn ich wusste, dass Mutter uns mit dicken, frisch gebackenen Brotscheiben mit Öl und Salz darauf belohnen würde.

Wie glücklich wir Kinder waren, lässt sich nicht mit Worten ausdrücken, aber es gab auch Tage, an denen unsere vier Brüder von morgens bis abends mit dem Vater auf den Feldern arbeiten mussten. Oft vor dem Schlafengehen legte Mutter Kräuterumschläge auf ihre Schwielen, um die Schmerzen zu lindern. Die Brüder hatten es nicht leicht, trotzdem waren sie glücklich. Sie wurden von uns Schwestern sehr geliebt und manchmal auch verwöhnt.

Der einzige von den Brüdern, der noch lebt, erzählt, dass bei ihm heute noch allein bei dem Gedanken daran, dass der Vater uns Mädchen von der schweren Feldarbeit immer wieder verschont hatte, eine innere Wut hochkommt. Für unseren Vater waren wir Mädchen eben seine sieben Perlen. Da ließ er sich nicht umstimmen. Er pflegte oft im Scherz zu sagen: „Ach, meine Söhne, die Frau ist der Kopf und der Mann ist der Hals. Vergesst das nicht! Der Hals geht in die Richtung, in die sich der Kopf dreht. Auf das Leben eurer Schwestern kommt genug Verantwortung zu: Bildung, Kindererziehung, Kochen, Nähen und vieles mehr. Sie werden das Leben lenken." Heute sage ich: „Mein Vater hatte Recht!"

In Bezug auf das Familienleben hatte jeder von uns nicht nur eine Aufgabe. Da wir elf Kinder waren, wurde manchmal dreimal am Tag Brot gebacken. Unsere Mutter ließ uns Mädchen parallel zur Näharbeit auch noch kochen und backen. Wenn eine von uns zu Mittag gekocht hatte, dann beobachteten wir am Esstisch nur Vaters Gesicht. Ob es ihm geschmeckt hatte oder nicht, wurde beim Essen nicht diskutiert, das konnten wir nur an seinem Gesichtsausdruck erahnen. Da wir Kinder immer Hunger hatten, aßen wir ohne Pause. Zum Meckern gab es keine Zeit.

Mit meinen vierzehn Jahren erlebte ich einen schweren Sportunfall. Beim Zusammenstoß mit der Spielgegnerin in einem Handballspiel, riss an meinem linken Fuß die Achillessehne. Von dem Tag an wurde ich durch vier Operationen gehbehindert, durfte nicht laufen, bis das Hauttransplantat nicht angewachsen war.

Meine Freunde und meine Familie kamen, saßen

lange an meinem Bett, erzählten nacheinander schöne Geschichten. Eines Tages wollte ich sie überraschen, schrieb ein Gedicht und war glücklich, es allen vorlesen zu können. Die Überraschung war mir gelungen. Von dem Tag an schrieb ich immer wieder, feilte an meiner Poesie. Trotz der Krankheit nahm mein Schreiben seinen Lauf. Ich wurde von meinen Freunden von einem zum anderen Jugendclub in einer Holzkarre gefahren und manchmal sogar auf dem Rücken getragen, natürlich immer mit meinem Gedichtheft unterm Arm. Ich las und las, und die anderen lauschten. Manchmal musste ich ein Gedicht zweimal vorlesen, weil sich der eine oder der andere in dem Gedicht wiederfand.

Nachdem die letzte Operation im Militärkrankenhaus in Belgrad angeblich erfolgreich verlaufen war, konnte ich nach drei Monaten entlassen werden. Meine Mutter kam aus Bosnien und wir fuhren mit einem Schnellzug nach Sarajevo.

Es kam die Zeit, sich an einer Berufsschule einzuschreiben oder das Gymnasium fortzusetzen. Meine Eltern spürten bei mir das praktische Talent in der Textilmalerei, denn meine Aufgabe war es, die Zeichnungen meiner Mutter auf die Stoffe zu übertragen und nachzuzeichnen. Meine Eltern schlugen vor, mit mir eine Textilschule in der nahegelegenen Stadt Zenica aufzusuchen. Ich musste zugeben, dass es auch mein Gedanke war, das Gymnasium nicht fortsetzen zu müssen; und so geschah es!

Alle drei Monate fuhr ich nach Sarajevo zur ärztlichen Kontrolle, denn auf dem linken Bein wurde ich immer unsicherer. Die Schmerzen ließen nicht nach. Jeder Schritt wurde zur Qual. Mein Unterrichtsausfall zog sich über Wochen hin, ich landete immer wieder im Krankenhaus.
Einmal blieb ich ununterbrochen drei Monate unter ärztlicher Aufsicht. Ein Arzt sah keine andere Möglichkeit, als das linke Bein bis unter das Knie zu amputieren. Weitere drei Ärzte waren streng dagegen, versuchten alles Mögliche, um das Bein zu retten. Die plastische OP, einst in Belgrad durchgeführt, hatte dicke Narben hinterlassen, deren Nähte mit der Zeit rissen. Ich war danach sieben Monate ans Bett gebunden, bekam Schularbeiten nach Hause, lernte und schrieb Gedichte. Trotz des ständigen Unterrichtsausfalls beendete ich die Textilschule, und das linke Bein wurde nicht amputiert.
Nachdem ich wieder aus dem Krankenhaus entlassen wurde, konnte ich langsam laufen und mit der Zeit endlich wieder Schuhe tragen.
Eines Tages fuhr ich mit meiner Mutter nach Sarajevo, um meine älteste Schwester zu besuchen, die in der Stadt mit ihrer Familie lebte. Auf dem Weg zu ihr ging eine Gruppe von Musikern an uns vorbei. Einer der Jungen trug eine Gitarre, blieb plötzlich stehen. Meine Mutter gab mir das Zeichen, mich nicht umzudrehen, doch der junge Mann stand schon vor mir und ließ mich nicht weitergehen.

Aus der Frage, ob ich zum Jugendklub mitkommen möchte, sind vier Jahre der Verlobung und neunundzwanzig Jahre einer Ehe geworden. Bis zu seinem Tod im Jahre 1996 war er Gastronom und starb an Herzversagen. Aus der Ehe sind meine lieben Kinder, Deta, Mini und Pasa, hervorgegangen, ohne die ich mir mein Leben nicht vorstellen kann. Dazu sind noch fünf hervorragende Enkelkinder entstanden, Kinder, die mein Leben bereichern.

Mein Vater hätte jetzt gesagt: „Du bist in der heutigen Zeit die reichste Frau der Welt." Nach seinem Tod hinterließ er neun noch lebende Kinder, zweiunddreißig Enkelkinder und sieben Urenkel. Wenn das nicht ein Reichtum ist ...

Die Jahre der Qual waren vorbei. Ich konnte wieder gut laufen, sogar hochhackige Schuhe tragen. Tanzen war leider noch nicht möglich. Gemäß dem ärztlichen Rat, es lieber ruhig angehen zu lassen, als wieder im Krankenhaus zu landen, ging ich nicht in unseren Jugendklub. Dort gab es dienstags und donnerstags Tanzabende, doch ich blieb vorwiegend zu Hause.

Mein späterer Ehemann nahm aufgrund einer Zeitungsanzeige an einem Wettbewerb teil. Es wurde der beste Meister für Kirchenglaserei gesucht. Geworben hatte jugoslawienweit eine Hamburger Glasfirma. Mein Freund gewann den Wettbewerb, bekam einen Auftrag und ging für sechs Monate nach Hamburg. Um sicher zu gehen, dass ich auf ihn warten würde, verlobten wir uns vor

seiner Abreise, was meinem Vater gar nicht gefiel. Nun, mein Verlobter bekam immer wieder einen neuen Auftrag und blieb eineinhalb Jahre in Hamburg.
Als Verlobte durfte ich nicht allein tanzen gehen, seine Mutter kontrollierte mich ständig: wohin ich ausgehe und mit wem. Meinem Vater gefiel das nicht. Jedes
Mal, wenn er mich fragte, was mein Freud schreibt, wann er gedenke zurückzukommen, versuchte ich, ihn in Schutz zu nehmen. Eines Abends kamen meine Freundinnen, um mich zum Tanzen abzuholen. Ich blieb wieder lieber zu Hause. Diesen Abend werde ich nie vergessen: Nachdem meine Freundinnen gegangen waren, kam mein Vater auf mich zu und sagte, ich solle mich an den Tisch setzen. Er würde diktieren und ich solle schreiben. Im ersten Augenblick wusste ich nicht, um was es ging, fragte, was ich schreiben solle. Er setzte sich mir gegenüber auf Mutters Nähstuhl und fing an zu diktieren:
„Lieber ...
Aus dem sechsmonatigen Auftrag in Hamburg sind in zwischen achtzehn Monate geworden, und so wie es aussieht, beabsichtigst du nicht zurückzukommen. Hiermit löse ich die Verlobung auf und sende dir mit diesem Brief auch deinen Ring zurück."
Ich schaute meinen Vater an und dachte, er machte Spaß, aber nein. Er nahm mir den Brief aus der Hand, um sich zu vergewissern, dass ich alles,

was er diktiert hatte, auch aufgeschrieben hatte. Er saß stillschweigend auf dem Stuhl, schaute zu, wie ich das Päckchen zuklebte, und dann sagte er: „In deiner ganzen Jugend bist du krank gewesen, jetzt, wo du endlich wie alle jungen Leute dein Leben leben sollst, zum Tanzen gehen kannst, jetzt wirst du von seiner Mutter ständig kontrolliert, wohin du gehst, mit wem du deine freie Zeit verbringst. Das lasse ich nicht mehr zu! Genieß dein Leben! Wenn er dich liebt, dann wird er zurückkommen. Ich kann nicht mehr zusehen, wie du wie eine Gefangene deinem Glück nachweinst."

Und so geschah es.

Ich schickte den Ring und den Brief in einem kleinen Polsterumschlag nach Hamburg.

Zwei Monate hörte ich nichts von meinem Verlobten. Es sah so aus, als hätte er sich damit abgefunden, und ich fing an auszugehen, Ausflüge mit Freunden zu unternehmen, an Wochenenden mit meinen Schwestern Städte zu bereisen.

Nach den zwei Monaten, an einem kalten Dezembertag, stand mein späterer Ehemann plötzlich vor unserer Haustür. Meine Eltern baten ihn hereinzukommen. Ausgestiegen aus dem Zug auf unserem kleinen Bahnhof in Kakanj, kam er direkt zu uns, bevor er Sarajevo, seine Stadt, erreicht hatte. Ich war sprachlos, meine Eltern waren überrascht. Mutter machte gleich Mokka, fragte ihn, ob er zuerst etwas essen möchte.

Auf jeden Fall war der Tisch schnell gedeckt.

Mein Vater sprach mit ihm, als wäre nichts passiert, fragte nach seiner Arbeit in Hamburg und wie er sich dort etabliert hatte. Ich saß in einer Ecke, das Gespräch zwischen den beiden interessierte mich nicht. Ich wünschte mir, dass ich ihn allein sprechen könnte, um meine Wut herauszuschreien.

Der Vater las meinen Wunsch von meinem Gesicht ab, ging aus der Wohnküche nach draußen, ließ uns beide in dem Raum allein. Nein, wir schrien uns nicht gegenseitig an. Mein Freund sagte mit einer zitternden Stimme: „Ich bin gekommen, um bei deinem Vater um deine Hand anzuhalten."

Einige Tage später heirateten wir; ich zog zu ihm nach Sarajevo. Nach einer Woche bat er mich, jemanden zu meinen Eltern zu schicken, um meinen Reisepass zu holen.

Auf die Frage, wofür ich meine Reisepapiere bräuchte, sagte er ganz leise: „Emina, ich muss zurück nach Hamburg, und du kommst mit." Also hatte er meine Eltern belogen, mich belogen, um später zu erzählen, dass er das alles nur aus Liebe getan hätte.

Anfang Januar '68 fuhren wir mit dem Zug nach Hamburg. Nach sechsundzwanzig Stunden Fahrt erreichten wir den Hamburger Hauptbahnhof. Auf meine Frage, warum wir nicht ausstiegen, erklärte er mir, dass wir bis zur Endstation Altona fahren müssten, denn er lebte in diesem Stadtteil in der Nähe des Bahnhofs.

Es war drei Uhr nachts. Die Koffer standen schon vor der Ausgangstür des Wagons. Wir fuhren an der Alster vorbei. Bis dahin hatte ich noch nie so viele kleine Lichter auf einem Haufen gesehen. Tausende davon schmückten die Stadt, auf der Alster sah ich einen riesengroßen Tannenbaum, der zum Himmel emporstieg; ich glaubte, auf einem anderen Planeten angekommen zu sein.
An der Endstation Altona ausgestiegen, gingen wir von dem leeren Bahnhof in Richtung Hauptstraße. Die Koffer waren voll beladen mit jugoslawischen Lebensmitteln: geräuchertem Rinderschinken, Sliwowitz, geräuchertem Käse und unter anderem auch mit unserer Bekleidung. Ich sah wunderschöne, riesengroße Schaufenster, strahlend beleuchtet, und blieb auf der Hauptstraße stehen. Mein Mann bat mich weiterzugehen, es sei sehr spät, ich würde genügend Zeit haben, mir tagsüber die Schaufenster anzuschauen.
Wir gingen durch einen Park in der Nähe des Bahnhofs, den mein Mann als eine Abkürzung nutzte, um das Haus, in dem er wohnte, schneller zu erreichen.
Plötzlich standen wir vor einem wunderschönen, weißen Gebäude mit hohen Fenstern. Mir kam es vor, als hätte mein Mann seine Straße nicht gefunden, als hätte er sich verlaufen. Ich konnte es nicht glauben, dass er in diesem traumhaften Gebäude wohnte, er war doch nur achtzehn Monate in Deutschland, und ich fragte mich, wie er es geschafft haben konnte, in einer so kurzen Zeit so

viel Geld zu verdienen, um in so einem teuren Wohnhaus zu wohnen.
Das Eingangstor war auf der dritten Stufe als Straßeneingang zu benutzen. Er schloss das Tor auf und wir befanden uns in einem Zwischenraum. Fünf weitere Stufen führten zum Haupteingang des Gebäudes. An den Türen waren in prachtvollen Farben wunderschöne Mosaikbilder zu sehen. Mein Mann gab mir ein Zeichen, leise zu sein. Um Lärm zu vermeiden, trugen wir unsere schweren Koffer die fünf Stufen hinauf und befanden uns in einem großen Foyer. Nachdem mein Mann das Licht angemacht hatte, ließ er mich auf dem glänzenden Boden stehen und sagte: „Warte hier, ich hole dich gleich ab." Danach verschwand er hinter der nächsten Tür.
Ich betrachtete die prachtvollen, grünen Pflanzen in den großen Blumenkübeln, die das Foyer schmückten. Auf dem glänzenden Fußboden konnte ich mich im Licht des Kronleuchters spiegeln. Eine Marmortreppe zog sich wie in einem Labyrinth nach oben. Auf der halben Treppe sah ich eine weiße Tür, fragte mich, ob jemand da wohnte. In dem Augenblick kam mein Mann zurück. Wir gingen bis zu einer verrosteten eisernen Tür. Er machte sie auf und sagte, dass er als erster die Treppe hinabsteigen möchte und ich ihm langsam folgen sollte.
Wir befanden uns in einem dunklen Kellerflur.
Eine einzige Glühbirne hing lose unter der Decke. Links und rechts sah ich angenagelte Holzlatten,

hinter denen bunte Decken gespannt waren. Wir gingen weiter, kamen an eine Tür, die mein Mann vorher aufgeschlossen hatte. „Hier wohne ich", sagte er flüsternd. „Wir müssen ganz leise sein. Links und rechts des Kellerflurs leben meine Arbeitskollegen. Die müssen früh aufstehen, um zur Arbeit zu gehen."

Als ich sein Zimmer betrat, fühlte ich mich wie gelähmt, konnte nicht sprechen, sah mich nur um. In dem Kellerzimmer von knapp acht Quadratmetern war der Boden mit Kartons ausgelegt. Es gab ein hochklappbares Bett, einen Plastikstuhl. Ein kleiner Holztisch diente als Esstisch und zugleich als Ablagetisch.

Darauf stand ein Tablett mit einer Mokkakanne und zwei Mokkatassen. Ein Waschbecken, reduziert auf einige Zentimeter und vergilbt, sah nicht besser aus als der verrostete Spiegel, der darüber an der feuchten Wand hing.

Es gab eine Fensterlücke, in der sich das schmutzige Laub, vermischt mit dem Schnee, angesammelt hatte, wodurch das Tageslicht den Raum nicht durchdringen konnte. Der ganze Raum war verschimmelt.

Mein Mann machte die Tür zu, ging in die Küchenecke, die sich hinter einem Stoffvorhang befand, um für uns einen Kaffee zu machen. Die Küche bestand aus einer Kochplatte, einem Teller, einem Besteck und zwei Kochtöpfen. Ich wollte sofort umkehren, fing an zu weinen, konnte mich nicht beruhigen.

In diesem Zustand kamen mir die Gesichter meiner Eltern vor Augen. Ich dachte laut: „Wenn sie jetzt sehen würden, wo ich gelandet bin, sie würden mich sofort wieder nach Hause holen."

Aber, ich blieb.

Meine Eltern lebten und starben, ohne jemals erfahren zu haben, wie meine erste Begegnung mit Deutschland war. Zuerst die Bewunderung von Tausenden Weihnachtslichtern, denkend, das sei Deutschland, und dann folgte die Kehrseite eines gelobten Landes.

Das waren die siebziger Jahre, die später als Gastarbeiterjahre bezeichnet wurden. Am nächsten Tag kamen die jugoslawischen Arbeitskollegen meines Mannes, um mich zu begrüßen. Sie versuchten, mich zu motivieren durchzuhalten. Ich fühlte mich wie in einem Gefängnis, das unterirdisch existierte. Am dritten Tag kam mein Mann von der Arbeit nicht wie üblich um 16 Uhr nach Hause. Aus Angst, in dem Keller an diesem Abend allein zu sein, ging ich vor die Eingangstür, blieb auf der Treppe sitzen und wartete auf ihn. Es wurde langsam dunkel. Er kam nicht.

Ich kehrte ins Haus zurück, stieg die eisernen Stufen zu den Kellerräumen hinunter, lief den Flur zu unserem Zimmer entlang und schloss die Tür hinter mir. Es wurde spät. In dem Flur waren keine Stimmen zu hören, ein Zeichen, dass die Arbeitskollegen meines Mannes auch noch nicht von der Arbeit zurückgekommen waren.

Meine Angst wurde immer unerträglicher. Ich

ging in die Küche, sah auf einem kleinen Regal eine Flasche mit unverdünntem Essig und trank den ganzen Inhalt aus.
Im Krankenhaus aufgewacht, sah ich meinen Mann an meinem Bett sitzen. Bevor ich irgendwelche Fragen stellen konnte, erzählte er mir, dass mir der Magen ausgepumpt wurde und dass alles gut zu Ende gegangen ist. Dann fügte er noch hinzu, dass an dem Abend bis in die Nacht hinein seine Firma mit allen Arbeitskollegen im Hamburger Hafen im Einsatz war. Da wir kein Telefon hatten, konnte er mich auch nicht benachrichtigen.
Eine Woche später holte mich mein Mann aus dem Krankenhaus ab. Im Keller angekommen, kam mir die Stimme meiner Mutter ins Ohr. Sie wiederholte einen Satz, den sie bei meinem Abschied schon einmal gesagt hatte: „Emina, du folgst deinem Glück, nimm dein Leben in deine Hände und mach was daraus.“
Am 6. Januar 2018 jährten sich 50 Jahre meines Lebens im Zwiespalt, in dem ich weder das eine noch das andere aufgeben möchte.
Es folgten die Jahre des Existenzaufbaus, der Kindererziehung, der Fortbildung, des Studiums, der Verluste in der Familie, des Bosnienkrieges und meines Lebens in der Nachkriegszeit bis zu meiner beidseitigen Lungenembolie.

Der Embryo
Hamburg 2000

Es war einmal ein Embryo. Er wuchs in seiner – und nur in seiner – Welt,
die allein für ihn bestimmt war. Er fühlte sich sehr wohl, denn er musste seinen Lebensraum mit keinem anderen Embryo teilen.
Mamas Bauch war für ihn wie eine Höhle, er konnte sich in ihr so bewegen, wie er wollte. Manchmal versteckte er sich in der tiefsten Ecke des Bauches, nicht aus Furcht, sondern aus dem Wunsch nach Ruhe und Schlaf.
Der Embryo verbrachte einige Zeit fast nur im Schlaf.
Eines Tages kam eine tiefe Stimme zu seinen Ohren. Der Embryo wunderte sich und überlegte, wer das sein könnte. Er versuchte, ruhig zu sein. Plötzlich hörte er ein leises Gespräch und das Weinen seiner Mutter.
Diese tiefe Stimme versuchte, seine Mutter zu beruhigen. Mamas Schmerz wurde zu seinem Schmerz. Der Embryo fing an, sich zu wälzen, mit seinen Füßchen und Händchen gegen Mamas Bauch zu toben.
Kurz danach verschwanden die Stimmen; es wurde ruhig.
Der Embryo zog sich wieder in seine Höhle zurück, versuchte wieder zu schlafen. Aber er konnte keine Ruhe finden.

„Was ist draußen passiert, dass meine Mutter so geweint hat?“, fragte er sich.
„Von wem kam die tiefe Stimme?“
Die Antwort auf seine Fragen wurde in der Stille festgehalten und aufbewahrt, bis er die neue Welt erblickte.
An einem Nachmittag suchte seine Mama nach einer CD mit klassischer Musik, legte den CD-Player auf ihren Bauch und entspannte sich auf dem Sofa liegend. Der Embryo wachte sofort auf, drückte seine Ohren gegen Mamas Bauch und hörte schöne, sanfte Musik. Er fühlte sich in seiner Höhle sehr wohl.
Es verging viel Zeit. Die Musik machte ihm von Tag zu Tag mehr Freude; es war jedes Mal ein Erlebnis. Wenn dem Embryo die Musik nicht gefiel, fing er an, mit seinen Füßchen und Händchen gegen Mamas Bauch zu toben. Die Mutter verstand es, schaltete die Musik aus, und danach war Ruhe.
Nach und nach wuchs der Embryo in Mamas Bauch und träumte von einer ihm unbekannten Welt, in die er hineinwollte. Er wollte unbedingt die Welt kennenlernen, aus der diese wunderschöne Musik kam. Er drückte und wälzte sich. Es wurde immer enger in seiner Höhle.
Eines Tages, im Monat Mai, entschloss sich der Embryo, seine Höhle zu verlassen.

Von außen her drang die Sirene eines Krankenwagens an seine Ohren. Viele tiefe Stimmen

vermischten sich mit Mamas Weinen und Stöhnen. Der Embryo spürte auch Mamas Wehen, wusste nicht, wie er ihr helfen sollte.
Plötzlich spürte er eine schwere Hand, die ihren Bauch presste und ihm half, seinen Weg in die neue Welt zu finden. Endlich erblickte er die schönen Augen seiner Mutter.
Zum ersten Mal außerhalb des Mamabauches hörte er diese schöne, ihm schon bekannte sanfte Musik. Die tiefen Stimmen verschwanden, nur das Gesicht der Mutter wachte über seinen dunkelblauen Augen. Der unbekannte Mann stand am Bett und beobachtete liebevoll Mutter und Kind.

Die rosa Seife

Pelješac / Süd-Dalmatien 2001

Er, ein Unbekannter, in einer neuen Umgebung, umklammerte mit seinen verschwitzen Händen eine zerschlissene Reisetasche, als enthielte sie seine letzten Habseligkeiten und das Einzige, was ihm übrig geblieben war.
Sie, berauscht von einem unbeschreiblichen Wonnegefühl, voller Erinnerung an das Glück, das sie im vergangenem Jahr hier gefunden hatte, stand erhobenen Blickes vor dem verlassenen Haus, so, als stünde sie vor der Mutter Maria und bäte sie für das, was geschehen würde, um Vergebung.
Der Hof war verwahrlost, die Wege von Unkraut überwuchert, der Eisenzaun vom Rost zerfressen. An den Holztüren Eisenstangen, angenagelt vom letzten Besucher. Die Glut der Mittagshitze hatte sich in den Körpern der Menschen eingenistet. Das Dorf schien wie ausgestorben. Irgendwo aus der Ferne des kahlen Gebirges war das Gebrüll eines Esels zu hören, das die Stille hin und wieder unterbrach.
Sie, gedankenabwesend, suchte nach dem Schlüssel, entfernte hier und da die Spinnennetze, öffnete die Tür und erkannte vom Eingang aus die Konturen des Kamins, auf dem noch immer ihre Kaffeekanne stand. oggenmehlestliche Wasser in ihr hatte ein Jahr Zeit zu verdunsten. Sie erinnerte

sich daran, wie sie hier vor dem Kamin Kaffee trank und zum Mokka Hagebuttenmarmelade genoss.
Für ihn, eine ganz neue Umgebung, einfach, öde, die ihn trotzdem zugleich faszinierte. Inwieweit er ihre Liebe, die sie für diese Umgebung hegte, verstehen konnte, für jeden Gegenstand, der sich hier befand und sie in ihren Bann zog, für die Luft, die sie hier jedes Jahr einatmete, wusste sie nicht. Eines jedoch war sie sich sicher: Er war da, hier bei ihr und mit ihr.
Entsprechend ihrer Einstellung den hier herrschenden traditionellen Gepflogenheiten gegenüber zündete sie als erstes ein Feuer im Kamin an und setzte sich dann vor ihm auf den warmen Fußboden.
Sie betrachtete die zeitweilig aufflackernden Flammen, und ihre Gedanken versetzten sie zurück in die Zeit, der ihre schönen Erinnerungen entstammten.
Sie dachte an die einsamen Dialoge, weit entfernt von der Realität des wahren Lebens.
Er, die Finger verklebt von der Hitze, gab ihr zu verstehen, dass er sich zuerst gern–waschen würde, denn sein Körper sei verschwitzt, dass er sich umziehen möchte, um sich dann, wie von einem Programm erfasst, neben sie setzen möchte, um zumindest äußerlich zur Ruhe zu kommen.
Warum sie daraufhin ihre Gepflogenheiten durchbrach, konnte sie sich selbst nicht erklären. Sie ging mit ihm hinter das Haus, wo sich der

Brunnen befand, der von einer Steinplatte bedeckt war. Der Weg dorthin war mühsam, weil er von Rasen und Unkraut bewachsen war. Als sie endlich oben auf der Steinplatte standen, nahm sie den Eimer in die Hand, der ein Jahr lang dagestanden hatte und an einer dicken Kordel befestigt war; er hatte der Witterung eines ganzen Jahres getrotzt.

Sie drehte die schwere Steinplatte von der Brunnenöffnung zur Seite und sah zwei Silhouetten, die sich sanft tänzelnd auf der Wasseroberfläche des Brunnens spiegelten. Ihr Gesicht war deutlich zu erkennen, seines dagegen schien ihr verschwommen, beinahe ohne Gesichtszüge.

Während sich sein verschwitztes Haar an der Wasseroberfläche spiegelte, prallte der Eimer auf das Wasser, und die Silhouetten zerbarsten im Flug tausender, zersplitternder Wassertropfen.

Sie hob ihren Kopf, suchte nach seinem Gesicht. In diesem Augenblick wurde sie von seinen Händen angezogen. Eine rosa Seife rutschte ihm aus der Hand und fiel auf die Steinplatte. Überrascht von diesem Anblick versuchte sie, ihm zu erklären, dass man sich am Brunnen nur mit Wasser wäscht. Er legte das Stück Seife neben dem Brunnen in eine flache Pfütze hinein, um zu vermeiden, dass sie ins Brunnenwasser fällt.

Durch die schmalen Schlitze in einer Wand, die sie beide von der Weite des Horizonts trennte, beobachtete er den Sonnenuntergang. Dabei zog er seine Beine gegen seinen Bauch und gab ihr

seine Knie als Kissen, die warme Steinplatte als Bett. Den Brunnen nahm er als Rückenstütze. Er hatte das Gefühl, sich an die Erdkugel angelehnt zu haben. Wie sehr sie sich in diesem Augenblick gewünscht hatte, sein Gesicht anzuschauen, in seine glänzenden Augen zu blicken und seinen Mund zu ertasten, wurde ihr bewusst durch ihr unregelmäßiges Atmen, durch ihre rasenden Herzschläge.
In einem Augenblick dachte sie, sie seien weit weg von dem Ort, an dem sie sich jetzt ganz nahe waren, irgendwo weit weg, in einem Dialog mit Garcia Lorca, und meinte, seine Stimme sagen zu hören:

„... und ich nahm sie zum Fluss,
denkend, sie sei eine Jungfrau,
aber, sie hatte einen Mann ...“

Diese Poesie schrieb eine leidenschaftliche Liebe. In der Luft spürten sie das Salz, in der Muttererde das Knistern der Wurzeln. Eine leichte mediterrane Brise kühlte ihre Gesichter. Die Sonne verschwand hinter den Bergen. Abrupt wurde es dunkel. Die Nacht gab der Abenddämmerung keine Chance, den Tag zu verlängern. Die Sterne waren da, ihren Händen so nahe, und sie sah, wie der Mond das verschwitzte Haar des Unbekannten streichelte. Ihr fiel auf, dass sein Haar den Jesushaaren ähnlich war, als er das Kreuz auf seinen Schultern trug. Ihre zehn Finger, verflochten

in seinem nassen Haar, verspürten keine Kraft, sie schienen ihr plötzlich gelähmt zu sein.
Sein Gesicht schien ihr wie eine verschwommene Fotografie. Jedes Mal, wenn sie versuchte, aus der Nähe sein Gesicht zu sehen, drehte er den Kopf zu Seite. Dabei hielt er sie in seinen Armen so fest, als hätte er Angst, dass sie jemand aus seiner Umarmung rausreißen wollte. Ihre Gefühle, die das Fundament dieser Nacht waren, verursachten bei den beiden große Sorgen. Sie fragten sich, ob das alles nur ein Traum wäre!

Die Totenstille der Nacht wurde von Zeit zu Zeit durch das Bellen der Hunde oder die begleitenden Laute einer Katzenjagd in der Nachbarschaft unterbrochen.
Die Nacht hatte das getan, was die Gefühle verlangten.

Sie, eingehüllt im Nebelschleier der Morgenröte, zeigte mit zitternder Hand auf das rosafarbige Wasser in der Pfütze, in die er die Nacht zuvor die rosa Seife hineingelegt hatte.
Eine Begegnung verblasste und hinterließ nur die Farbe, die, wie alles, was an Reiz und Gefühlen in dieser Nacht geschah, verblassen würde.
Im nächsten Augenblick war sie plötzlich allein. Es war niemand da. In das Haus zurückgekehrt, fand sie die Räume voller Koffer, durchwühlt und zerstreut. Ein Durchzug im Haus schloss plötzlich hinter ihr die Tür, und durch den Knall wachte sie auf.
In Hamburg ist es 5 Uhr früh. Der bittere Geschmack im Mund ist genauso vorhanden wie der graue Morgen, der draußen Wirklichkeit ist.

Maria Scherz
Bosnien 2014

„Das Fremde“ hat Wurzeln, hat fünf Sinne:
Es riecht, es schmeckt, es sieht, es fühlt, es hört.
Wir erleben das Fremde als eine Reflektion,
die sich in dem Weltspiegel abzeichnet!

„Emma, bitte pack deine Sachen, bevor es dunkel wird, morgen früh ist es so weit. Dein Zug kommt um 6 Uhr früh an unserem Bahnhof an und hält nur ganz kurz, bevor er dich mit auf die Reise in ‘Die Fremde’ nimmt.“
Emma konnte das Wort „Die Fremde“ nicht mehr hören und versuchte die Sorgen ihrer Mutter etwas zu mildern:
„Mama, sag bitte nicht, dass ich nicht weiß, wohin mich der Zug mitnimmt. Mein Mann hat mir über Deutschland und Hamburg so oft geschrieben, hat mir sogar von seiner Straße in Hamburg, in der er wohnt, eine Zeichnung geschickt. Ich stelle mir seine Julius-Leber-Straße so vor: eine lange Straße, wie eine Avenue in Paris, links und rechts von hohen Bäumen umsäumt, die im Sommer Schatten spenden. So habe ich sie schon in meinen Träumen gesehen, glaub mir. Sobald ich in Hamburg bin, werde ich sie fotografieren und dir die Bilder per Brief schicken. Jetzt fange ich an zu packen.“

„Glaub nicht, dass dich im Norden die Sonne so oft besuchen wird. Deine Spaziergänge werden mehr oder weniger vom Regen begleitet sein. Hamburg liegt doch im hohen Norden“, erwiderte Emmas Mutter besorgt.
Am Abend vor der Abreise blieben Emma und ihre Mutter die ganze Nacht wach. In eine Wolldecke eingehüllt und sich gegenseitig wärmend betrachteten sie an der Decke des halbdunklen Raumes die Schatten der bewegten Hände der Mutter, denn sie sprach mehr durch ihre Hände als durch ihre Worte. Links und rechts von den beiden schliefen Emmas Geschwister. Nur das Schnarchen des Vaters aus dem Nebenzimmer störte die Stille. Im Lehmofen flackerte ein schwaches Feuer, ein Zeichen dafür, dass die Glut langsam zu Asche wurde. Draußen hatten die Schneeflocken die Nacht erobert. Die Fenster kleideten sich in weiße Gewänder.
Es war Januar 1968.
„Emma, ich möchte dir eine Geschichte aus meiner Kindheit erzählen, vielleicht wird sie dir in Deutschland helfen, dein Heimweh zu bewältigen. Hast du Lust, sie zu hören?“
„Oh ja“, flüsterte Emma und zog die Bettdecke bis zum Kinn. Das Feuer im Lehmofen glimmte noch schwach. Der Raum versank im Dunkel der Nacht und die Mutter begann zu erzählen:
„Im Jahr 1930 entschloss sich dein Großvater, die ersten Singer-Nähmaschinen aus Deutschland nach Jugoslawien einzuführen. Als Vater von uns

sechs Töchtern und drei Söhnen machte er sich Gedanken darüber, wie er uns Kindern nach der abgeschlossenen Mittelschule eine Ausbildung ermöglichen könnte. Er nahm sich also vor, uns, seine sechs Mädchen im Alter zwischen sechs und siebzehn Jahren, künftig in eigener Heimproduktion zu beschäftigen. Dein Großvater verkaufte zwei Felder, und über die Deutsche Botschaft in Sarajevo bestellte er mehrere Singer-Nähmaschinen aus Deutschland. Mit der Einfuhr der Nähmaschinen veränderte sich das Leben in unserem Elternhaus vollständig. Dein Großvater hatte für jede seiner Töchter eine Nähmaschine reserviert. Alle anderen wurden an Familien verteilt, die viele Töchter hatten. Eines Tages wurden die Nähmaschinen in einem kleinen Zimmer, das leer geräumt worden war, aufgestellt.

Wir hatten eine Wohnküche, wo sich Essen, Trinken, Schlafen und alles andere abspielte. Nachdem das kleine Zimmer leer geräumt war, mussten unsere drei Brüder mit uns in der Küche schlafen.

Es wurde sehr eng. Die Brüder hatten uns die mittleren Schlafplätze genommen, und so blieb uns nur noch links und rechts der Rand. Aber derjenigen, die am Rand der Matratze schlafen musste, wurde immer wieder die Bettdecke weggezogen. So blieb die Betroffene viele Nächte ohne Schlaf.

Eines Tages hatte dein Großvater den Jungen zu verstehen gegeben, dass wir Mädchen nicht mehr so oft auf den Feldern arbeiten, sondern uns künftig der Näharbeit widmen würden. Von dem Tag an wurden unsere Brüder auf uns Mädchen so eifersüchtig, dass es zwischen uns sehr oft zu Streitereien kam.”

„Und du hast sicherlich gejubelt vor Freude“, meinte Emma lächelnd.

„Glaube mir, Emma, ich hatte großes Interesse am Nähen und meine Schwestern auch. In unserem Haus herrschte damals gleichermaßen ein ‘Füreinander’ wie ein ‘Gegeneinander’, genauer, Jungen gegen Mädchen. Dein Großvater zog mit den Jungen auf die Felder, und deine Großmutter blieb mit uns Mädchen zu Hause. Die Nähmaschinen wurden von den Nachbarinnen bewundert, ohne dass sie gewusst hätten, was diese alles zu zaubern vermochten. Eines Tages, als dein Großvater vom Feld nach Hause kam, erklärte ihm deine Großmutter, dass meine zwei älteren Schwestern, Behidscha und Mina, eine Nähmaschine auseinandergenommen hatten, um herauszufinden, warum sie nicht nähte. Nun konnten sie die Nähmaschine nicht wieder zusammenbauen! Und da sie kein Deutsch sprachen, konnten sie die Anleitung weder lesen noch verstehen“.

„Keiner im Haus konnte Deutsch?“, fragte Emma überrascht.

„Nur dein Großvater konnte einige deutsche Wörter wie ‘Guten Morgen, Auf Wiedersehen, Bitte, Danke, Frühstück’ – er hatte sie von österreichischen Soldaten gelernt, die er im 1. Weltkrieg in

einem Luftschutzkeller tagelang versteckt gehalten hatte.
Sie hatten sich geweigert, in den Krieg zu ziehen, tauschten ihre Uniformen gegen alten Plunder aus und zogen in der Nacht wie Vagabunden weiter. Später erfuhr dein Großvater, dass sie sich an der jugoslawisch-rumänischen Grenze angesiedelt hatten.
Ach, Emma, diese Geschichte werde ich dir irgendwann, wenn du aus Deutschland nach Hause zurückkommst, vollständig erzählen. Jetzt möchte ich die Nähmaschinen-Geschichte fortsetzen. Also, dein Großvater hatte bei dem Einkauf der Nähmaschinen nicht daran gedacht, dass wir Mädchen kein Deutsch gelernt hatten."
„Und was habt ihr dann gemacht?"
„Am nächsten Morgen fuhr dein Großvater zur Deutschen Botschaft nach Sarajevo, um dort Hilfe zu erbitten. Ihm wurde versprochen, dass eine Lehrerin aus Deutschland kommen würde. Es dauerte auch nicht lange, bis uns ein Brief aus Sarajevo erreichte. Es waren Unterlagen und der Lebenslauf einer geeigneten Lehrerin, und Großvater sollte sich dazu möglichst schnell äußern."
„Hast du dich gefreut, Mutter?"
„Oh ja, denn in meinem Kopf schwebten schon viele Ideen, was ich alles lernen würde. Ich war mit der linken Hand sehr geschickt und ich konnte alle mit ersten Skizzen und mit meiner schönen Schrift überzeugen. Meine Eltern gaben es auf, mich umzustimmen und mir ständig zu erzählen,

es sei von der Schule vorgeschrieben, mit der rechten Hand zu zeichnen und zu schreiben. Heute schreibe ich mit der rechten und male sowohl mit der linken, als auch mit der rechten. Ich erlebte schon mit zwölf Jahren, wie Schule und missgünstige Lehrer die angeborene Begabung vieler Kinder verkannten, und ich hoffte, mit der Lehrerin aus Deutschland meine Talente außerhalb der Schule vervollkommnen zu können. Deine Großmutter pflegte oft zu sagen, dass nicht Fingerfertigkeit das Problem sei, sondern die Form der einzelnen Buchstaben und Linien. Sie meinte, dass Demut und Geduld wichtig seien, um die Kunst des Schreibens und Malens ausüben zu können. Beide Künste wollen geübt werden, bis aus ihnen Musik zu hören ist. Ich träumte von einer bunten Welt voller Begabungen, die sich gegenseitig befruchten und unterstützen. Ich musste aber leider auch feststellen, dass Vielen der Wunsch nach Anerkennung und Geduld fehlte."

„Ah, Mutter, in dir steckte so viel Talent, jetzt weiß ich, woher ich das habe. Du warst sicherlich ungeduldig, konntest kaum abwarten, dass die deutsche Lehrerin kommt."

„Ich war sehr aufgeregt. Als Einziges von uns sechs Mädchen hatte ich den Traum, eines Tages eine berühmte Modedesignerin zu werden. Vor mir waren allerdings vier ältere Schwestern, denen eher das Glück einer Weiterbildung zugestanden hätte. Aber dieser Umstand beunruhigte mich nicht, ich wusste nur, dass es eine Möglichkeit geben würde. Von dem Tag an, als ich erfuhr, dass eine Lehrerin aus Deutschland ins Haus kommen werde, lebte ich meinen Traum, glaubte an mein Glück und vergaß die Unsicherheit darüber, was aus mir einmal werden würde. Deine Großeltern widmeten uns Kindern viel Energie und glaubten an unsere Fähigkeiten. Leider fehlte es am nötigen Geld, um uns allen eine besondere Ausbildung zu ermöglichen. Trotzdem haben wir alle sechs Schwestern verschiedene Berufe erlernt. Zwei von uns haben sogar ein Fachstudium abgeschlossen."

Emmas Mutter stand auf, legte noch zwei Holzscheite ins fast erloschene Feuer, pustete ein-, zweimal, um die Flamme wieder zu erwecken, zog die Plattenringe zusammen und legte sich erneut neben Emma auf die mit Schafwolle gefüllte Matratze. Emmas jüngerer Bruder schlief auf der anderen Seite. Hin und wieder zog er die Decke über den Kopf, als hätte ihn das Geflüster doch gestört. Die Mutter gab Emma ein Zeichen, leiser zu sein, obwohl diese wenig gefragt hatte. Doch der Mutter schien es wohl, als hätte sie Emmas Stille gehört. Sie sprach leise von ihrem Leben, ohne der Erzählung das Märchenhafte und Wahrhaftige zu nehmen.

Emma hörte aus der Stimme der Mutter so viel Schönes und Überzeugendes, dass sich ihre Augen mit Tränen füllten. Beim schwachen Licht, das durch die Ritzen der Ringe aus dem Ofen drang und sich an der Zimmerdecke in einem faszinierenden rot-gelben Spiel abzeichnete, klangen die Worte von Emmas Mutter so sanft und so warm. Draußen wiegten sich die Flocken im leichten Wind, das Laternenlicht tanzte auf der frischen Schneedecke, während sich die kahlen Äste der Pappeln vor Emmas Elternhaus weiß anmalten.

Emma hätte sich keinen schöneren Ort für ihren Abschied vorstellen können. Sie hatte sehr intensiv der Stimme ihrer Mutter gelauscht, die immer wieder die Tonart, wenn es spannend oder überraschend wurde, veränderte. Das gefiel Emma sehr.

Der Vater schlief unterdessen weiterhin sorglos im Nebenraum.

„Wann kam die Lehrerin?“, fragte Emma.

„Sie kam an einem sonnigen Frühlingstag 1930 aus Frankfurt zu uns, und wurde von deinen Großeltern freudig begrüßt. Zuerst stellte sie sich deinem Großvater vor. Sie beeindruckte uns durch ihre formvollendete Begrüßung, die elegante Verbeugung und den warmen Händedruck. Nachdem sie den Großvater begrüßt hatte, wendete sie sich an deine Großmutter und uns Mädchen, um uns in einer uns fremden, aber klangvollen Sprache zu begrüßen.

Sie war eine große Frau mit dunklen, glatten, hochglänzenden Haaren, die von einem strengen Seitenscheitel geteilt wurden.

Ich dagegen hatte schwarze, verfilzte Locken, die

mir ins Gesicht fielen. Ihre Kleidung mit all den Raffinessen sah aus wie aus einem Modejournal. Ein schneeweißer, gestärkter Bubikragen lag um ihren langen, schlanken Hals wie auf einem der Mädchenbilder von Modigliani.

Meine Kleidung dagegen bestand aus einem vom ständigen Waschen ausgeblichenen Blümchenkleid und einer Schürze mit durchlöcherten Taschen. Wir bewunderten ihre soldatisch strenge Körperhaltung, die wir aber nicht fürchteten, sondern eher bewunderten und der wir Respekt zollten. Meine Augen dagegen, beschränkten sich in diesem Augenblick nur auf Betrachtung und Bewunderung dieser fremden Frau. Ihre Lederschuhe glänzten, als kämen sie gerade aus einem Schaufenster, und auch die Schnürsenkel waren aus feinstem Leder.

Meine Schnürsenkel dagegen waren aus Paketband, das mehrmals gerissen und wieder zusammengeknotet war. Als ich ihre Schuhe sah, schaute ich auf meine eigenen abgetragenen und versuchte sie schnell zu verbergen.

Selbst ihre kleinsten Gesten wirkten in meinen Kinderaugen bedeutend. Ihre Handbewegungen, ihr leiser Gang, so fließend, so leicht. Am liebsten hätte ich ihr auf der Stelle alles nachgemacht. An diesem Tag begegnete mir zum ersten Mal eine fremde Welt; ich nahm sie nicht nur mit den Augen auf, sondern auch mit allen Fasern meines Herzens.

Unsere Brüder kamen nicht, um die Lehrerin zu

empfangen. Aus Eifersucht. Erst abends begrüßten sie den Gast.
Sie hieß Maria Scherz.
Ein Name, der leicht zu behalten und auszusprechen war“, erzählte Emmas Mutter weiter.
„In unserer Nachbarschaft lebte eine katholische Familie, die eine Tochter, namens Maria hatte. Der Name war bei unseren katholischen Dorfbewohnern in Bosnien so häufig, dass jede zweite Familie, die eine Tochter hatte, sie Maria nannte.
Am nächsten Morgen packte Maria ihre Reisetaschen aus. Unter anderem auch eine elektrische Kaffeemühle. Die wenigen deutschen Worte, die dein Großvater konnte, nutzte er und fragte: ‘Was ist das?’
Maria versuchte mit Gesten dem Großvater zu vermitteln, dass es sich um eine elektrische Kaffeemühle handelte.”
„War mein Großvater ein lieber Mensch?“
„Ja, Emma, das war er, aber er konnte auch sehr streng sein, und er vertrug keinerlei Kritik. Er selbst aber durfte kritisieren. Trotzdem haben wir ihn sehr geliebt. Als er die elektrische Kaffeemühle sah, ging er in die Küche, holte die eine manuelle Kaffeemühle und deutete Maria an, dass die Vorbereitung zum Mokkatrinken eine Zeremonie sei und Geduld und Zeit erfordert.“
Maria verstand es. Die elektrische Kaffeemühle wurde auf der Kredenz in der Küche aufgestellt und diente fortan nur zur Zierde.
„Selbst Maria hatte kein Interesse mehr an dieser

Kaffeemühle. Für sie war alles, was sich im Haus deiner Großeltern befand, viel interessanter.“

„Wie habt ihr euch mit Maria verständigen können?“ Emma konnte einfach nicht aufhören zu fragen.

„Maria lernte Serbokroatisch, und meine Schwestern und ich lernten von Maria Deutsch. Durch lebhafte Gespräche konnten wir bald improvisieren und uns gut verständigen, ja, der Unterricht wurde dadurch viel interessanter. Bei uns zu Hause wurde es immer lauter und lebendiger. Abends, nach einem anstrengenden Tag des Lernens, organisierten wir mit den Nachbarstöchtern sogenannte Jugendtreffen. Es wurde gesungen, erzählt und Mokka getrunken. Meine jüngste Schwester und ich durften nicht mit dabei sein, denn wir beide waren dafür noch zu jung. Stundenlang standen wir hinter dem Vorhang und lauschten. Wir wollten Marias Erzählungen nicht verpassen. Leider hat Maria viel mit den Händen ‘erzählt’. Das konnte ich natürlich hinter dem Vorhang nicht sehen, und so blieb mir an diesen Abenden doch einiges von Marias Geschichten verborgen.”

Emmas Mutter machte eine kleine, nachdenkliche Pause. Ihre Geschichte ähnelte dem Feuer im Lehmofen.

Manchmal züngelte eine Flamme empor, und manchmal zitterte das letzte Licht aus der fast erloschenen Glut, so, wie die lebendige, bildhafte Erzählung der Mutter nicht nur Ereignisse aus

dem vergangenen Leben, sondern auch aus dem gegenwärtigen wiedergaben. Emma war glücklich, dass ihre Mutter die Gabe des Erzählens besaß, die aus der tiefen Kenntnis aller Quellen der Volkstradition kam.
„Wie lange ist Maria bei euch geblieben?“
„Acht Monate. Deinem Großvater schenkte sie ihre elektrische Kaffeemühle zum Abschied und sagte lächelnd: ‘Aber nur zur Zierde.’”
„Wie hat mein Großvater darauf reagiert? Hat er sich gefreut?“
„Er wurde verlegen. Wir hatten gemerkt, dass ihm der Abschied von Maria schwer fiel. Er mochte sie sehr, denn für ihn zählte der Fleiß, und sie war fleißig. Für deinen Großvater waren nur fleißige Menschen ein Vorbild.
Maria sah in seinen Augen einen feuchten Schimmer, umarmte ihn und verabschiedete sich von uns mit einem ‘Dovidenja’ – ‘Auf Wiedersehen’.
Glaube mir, meine Emma, ich hätte am liebsten auch meine Koffer gepackt und wäre mit ihr nach Frankfurt gereist. Aber ich war doch erst zwölf Jahre alt.“
„Ach, Mutter, es ist schade, dass du damals nicht älter warst, dann hättest du mit Maria nach Deutschland fahren können, und damit hättest du mir den Weg in der Fremde ebnen können. Heute würdest du Deutsch perfekt sprechen.”
„Du musst dein Leben in die eigenen Hände nehmen, Emma. Nichts fällt vom Himmel – und

die Sehnsucht? Sie wird so lange in deinem Herzen wohnen, wie du in der Fremde bleibst. Dieser Weg, den du aus Liebe zur Liebe gewählt hast, ist deine Bestimmung. Du wirst es schaffen. Deine Geschichte wird von Glück und den schönen Seiten des Lebens erzählen, aber auch von Schmerz und Sehnsucht, ohne die Ursache zu kennen. Und irgendwann wirst du so erzählen können, wie ich jetzt."

„Mutter, vielleicht werde ich in Hamburg auch so eine Maria haben, die mir das Leben in der Fremde leichter machen wird. Erzähl mir bitte, was du alles von ihr gelernt hast."

„Sie hatte mir beigebracht, wie ich meine Ideen verwirklichen könnte. Ich zeichnete textile Bilder und entwickelte eigene Muster, die heute noch in der Volkskunst Bosniens in vielen Ausstellungen zu sehen sind. Durch Marias Förderung habe ich mit zwölf Jahren mein Talent entdeckt, und ihre lehrreichen Worte begleiten mich bis heute."

Emma lag neben ihrer Mutter, stellte keine Fragen mehr. Der Abschied rückte näher. Draußen kündigte sich die Morgendämmerung an. Plötzlich stand die Mutter auf, holte die elektrische Kaffeemühle von der Kredenz herunter und überreichte sie Emma.

„Nimm sie bitte mit nach Hamburg", sagte sie. "Im Westen gehen die Uhren schneller als bei uns. Dir wird die Zeit fehlen, um Mokka zu zelebrieren. Diese Kaffeemühle wirst du in Hamburg besser brauchen können als wir hier.

Meine Geschichte ist nun zu Ende erzählt, und es schließt sich der Kreis. Dein Schicksal ist die fremde Welt, die damals Maria in unser Haus gebracht hat und in die ich ihr leider nicht folgen konnte. Noch heute durchzuckt es mich, bei jedem Gedanken an sie und ihre Welt. Aber du wirst dich dort einleben und das Fremde in dich aufnehmen, ohne zu überlegen.“

In den frühen Morgenstunden fuhr Emma Richtung Hamburg. In ihrem Gepäck reiste auch die elektrische Kaffeemühle mit.

Zehn Jahre danach
Bosnien 1998

In der Sprache lebt die Identität

Als Selma im Jahre 1990 in ihre Heimat Jugoslawien fuhr, ahnte sie nicht, dass dieses
Jahr für die Jugoslawen das letzte gemeinsame Jahr unter der Trikolore sein würde.
Im Sommer 1991 brach der Krieg in Slowenien aus. Kurz danach erreichte das Unheil die Republik Kroatien und ein Jahr danach Bosnien und Herzegowina. Grenzen wurden geschlossen. Jugoslawen, die im Ausland lebten, konnten nicht mehr in die Heimat reisen.
Der Krieg dauerte volle fünf Jahre. Selma war von ihren Geschwistern abgeschnitten. Keine Anrufe, keine Briefe. Sie lebte und fühlte sich wie verbannt. Sie fragte sich oft, mit welchem Recht sie von ihrer Familie 2.000 km entfernt den Morgen ohne Granatenbeschuss erleben durfte. Doch sie hatte in Hamburg den Krieg auf andere Art und Weise erlebt.
Nun sind acht Jahre seit dem Ausbruch des Krieges vergangen. Selmas Heimat befindet sich im dritten Nachkriegsjahr. Ihre Kinder und sie entschlossen sich nach so vielen Jahren, in die Heimat zu fahren.
Sie arbeitete an der Vorbereitung der Reise.

Durch die dortigen Nachbarn, die Telefon im Haus hatten, konnte sie erfahren, wie es ihrer Familie geht. Sechs ihrer Geschwister haben den Krieg überlebt. Selma bekam aber auch die tragischen Nachrichten aus dem Kriegsleben. Ihr Wunsch, die Familie wiederzusehen, wurde von Tag zu Tag immer größer.

Der Tag kam, an dem sie von Hamburg aus in die Heimat fuhren. Es gab kein Jugoslawien mehr. Also mussten sie sich schon während der Fahrt auf der deutschen Autobahn Gedanken machen über die ihnen bevorstehenden Grenzübergänge. Nach der reibungslosen Fahrt durch Deutschland und Österreich erreichten sie die slowenische Grenze. Ein komisches Gefühl hatte Selma in ihrem Magen. Der Grenzübergang war leer. Drei Autos fuhren hinter ihr – weit und breit war kein Urlaubsstress zu spüren. Vor dem Krieg, als Jugoslawen an dieser Grenze ankamen, standen sie stundenlang in der Autokolonne. Es gab ein Schild, auf dem stand: „Bitte Motor abstellen." Jetzt gibt es dieses Schild nicht mehr. Also machte Selma ihr Fenster runter, grüßte wie üblich *Dobro veće* und gab dem Grenzpolizisten ihre Pässe. Es kam keine Antwort. Auf die erste Frage: *„Haben Sie etwas zu verzollen*?" – natürlich auf slowenisch, das sie verstand –, antwortete Selma in bosnischer Sprache, die er auch verstand. So tauschten sie zwei bis drei Sätze aus, jeder in der eigenen Sprache. Was für ein Paradoxon – du hast das Gefühl, in der Heimat zu sein, und bist doch in einer anderen Welt angekommen. Danach gab der Zollbeamte das Zeichen weiterzufahren. Sie verließen die Grenze und fuhren weiter Richtung Kroatien.

Die erste Begegnung zweier Welten in der zerspaltenen Heimat gab ihr zu wissen, dass auf sie noch einiges zukommen würde. Der Schmerz hatte sich in den Seelen eingenistet. Selma und ihre Kinder fuhren durch die Städte Sloweniens, erinnerten sich an einige Reklamen, die den Jugoslawen damals als Wegweiser gedient hatten, von denen aber jetzt keine Spur zu sehen war.

Sie erinnerte sich, wie sie früher nicht abwarten konnte, die Strecke von Hamburg bis zum Grenzübergang Jesenice schnell und ohne Pausen durchzuziehen, damit sie die erste Rast in einem jugoslawischen Restaurant hinter der Grenze machen konnte. Dort gab es außer Heimatluft noch solche traditionellen Speisen wie Ćevapčići und Pljeskavica. Diese Nationalgerichte, die als Balkangerichte überall in Jugoslawien zu bekommen waren, sind in Slowenien jetzt aus den Speisekarten verschwunden. Kein Wunder – es waren ja auch „Balkangerichte".

In Ljubljana sahen sie aus dem Auto Menschenmengen auf den Straßen, darunter viele Frauen mit Kopftüchern, ein Zeichen dafür, dass eine große Zahl Flüchtlinge aus Bosnien in Slowenien lebt. Die Flüchtlinge fielen in dieser Menschenmenge auch deshalb auf, weil sie vollgepackte Einkaufstüten trugen. Auf den Tüten konnte man

das Zeichen eines billigen Supermarktes erkennen.
Selmas Freude auf die Wiederbegegnung mit der Heimat verblasste, und sie alle wurden im Auto immer stiller. Die belegten Brötchen, die sie sich für die Reise in Hamburg zurechtgemacht hatten, schmeckten ihnen sehr gut. Sie fuhren weiter und fühlten sich im eigenen Land sehr fremd.
Die Straßenschilder zeigten die Richtungen nach Kroatien. Ein Schild wies ihnen den Weg über die Dörfer und Städte und ein anderes zeigte die Richtung zur Küstenstraße. Selma wählte dann die Fahrt durch Dalmatien – also durch die Dörfer und Städte.
Es erreichten sie kurz danach die ersten Bilder des Kriegsgrauens. Selmas Kinder konnten es nicht fassen, was sie sahen. Beschossene Häuser, zerschlagene Fensterscheiben, zerstörte Dächer und kaum Menschen auf den Straßen. Sie fuhren durch ein Gebiet, das früher von Serben bewohnt war. Jedes zweite, dritte Haus war mit einem Schild versehen: *„Zu verkaufen" oder „zu tauschen"*.
Doch je tiefer sie in das Innere des Landes fuhren, kamen ihnen immer mehr und mehr Autos entgegen. Nagelneue Autos, wie Selmas Tochter feststellen konnte. Sie las die Kennzeichen – nannte immer wieder die Automarken und nickte mit dem Kopf.
Es war ein Bild, das nicht in das graue Bild der Dörfer und Städte passte. Sie haben sich gefragt,

wo diese Menschen wohl wohnen, wenn alles zerstört ist und wieso sie alle nagelneue Autos fahren. Unbegreiflich war es für Selma, die widersprüchlichen Bilder der Gegenwart so hinzunehmen.

Trotz allem fuhren sie weiter. Selma hatte es eilig, denn sie konnte es nicht mehr abwarten, ihre Geschwister endlich wiederzusehen. Sie hatten einen bestimmten Ort auf einer Halbinsel in Kroatien als Treffpunkt gewählt.

Selma konnte sich mit ihren Geschwistern nicht in Bosnien treffen, denn die politische Spitze dort war an einem friedlichen Zusammenleben von Christen, Orthodoxen und Muslimen nicht interessiert. Solange sich die Politiker nicht für eine multikulturelle Vielfalt der Völker in Bosnien einsetzten, war für Selma dort kein Platz. Deshalb hatte sie als Treffpunkt die Halbinsel Pelješac vorgeschlagen. Sie sprach vor der Reise mit ihrem Bruder und bat ihn, die Pässe für die anderen Geschwister zu besorgen, damit sie sich alle nach acht Jahren treffen und wieder erleben könnten. Und so geschah es!

Selma war vor Ort, als ihr jüngster Bruder als erster aus Bosnien kam. Es war schwer zu beschreiben, welches Gefühl sie in sich spürte, als sie ihn sah: Ihr kleiner Bruder! Sie erkannte ihn an seinem Gang. Doch in diesem Gang sah sie eine Veränderung. Er näherte sich Selma, sah in ihr Gesicht und schrie ihren Namen. Sie umarmten sich und ließen sich nicht voneinander trennen.

Die Tränen rollten über ihre Gesichter, und dann fingen sie an, ganz laut zu lachen – wie zu jener Zeit, als sie versuchten, jugoslawische Komiker zu imitieren. Die Begegnung war ohne Vergleich. Kurz danach bat er Selma, für ihn einen Sitzplatz zu besorgen. Sie hatte doch recht. Sein Gang war anders, und bevor Selma überhaupt eine Frage stellen konnte, zog er das linke Hosenbein hoch und zeigte auf das von Granatenbeschuss zerschmetterte Bein. Plötzlich war es um sie sehr still. Selma und ihr Bruder sprachen nicht mehr und hatten beide das Gefühl, eine Gedenkminute für alle diejenigen, die im Krieg umgekommen sind, halten zu müssen.
Sie versuchte, ein Gespräch anzufangen, stellte Fragen über Fragen. Ihr Bruder gab ihr auf die direkten Fragen direkte Antworten. Auf ihre Frage, ob er ihr von der Situation des Krieges erzählen könnte, blieb er still, als wenn er immer noch der Schweigepflicht unterläge. Schließlich war er fünf Jahre an der Front gewesen, und was dort geschah, durfte auch sie als Schwester nicht erfahren. Die Zeit sei noch nicht reif, darüber zu sprechen, sagte er.
Selma interessierte, wie die Lage in Bosnien nach den anstrengenden Jahren des Krieges ist, wie die Menschen dort leben, was sich verändert hat, wie viele Familienangehörige im Krieg ums Leben gekommen sind. „Haben die Überlebenden genügend zu essen?“ Und … und ...!
Ihr Bruder begann zu erzählen. Seine Sprache

wurde immer undeutlicher. Durch die einseitige und falsche Ernährung im Krieg hatte er viele Zähne verloren, und wie er ihr erzählte, war das nicht nur ihm passiert. Bei vielen erwachsenen Menschen fielen die Zähne wie bei kleinen Kindern einfach heraus. Es gab kein sauberes Trinkwasser, sie mussten Regenwasser trinken. Der Fluss Bosna wurde vergiftet. In ihn schütteten die sogenannten Hilfsorganisationen die verbrannten Medikamente, die aus dem Ausland kamen, weil das Verfallsdatum überschritten war. Die Eltern konnten die Kinder nicht mehr unter Kontrolle halten. Viele von ihnen tranken das Wasser und vergifteten sich den Magen. Dadurch kam es bei vielen Kindern zum Haarausfall. Die Stadt verfiel in eine Katastrophe und nichts änderte sich.

Selmas Bruder war grau und still geworden. Er wirkte oft sehr abwesend. Er sprach ganz leise, beinahe flüsternd, bat sie, wenn sie nach Hamburg zurückkomme, ihren deutschen Freunden und Kollegen über das Nachkriegsunheil in Bosnien zu berichten. „Die Politik ist wie immer mit anderen Sachen beschäftigt", sagte er. Doch in Bosnien würde die Menschheit lebendig begraben. Ihre Stadt Kakanj in Zentral-Bosnien müsste man zu einer Katastrophenstadt ausrufen. Er bat sie um Hilfe, nicht für sich, wie er sagte. Die Kinder seien in Gefahr.

Mitten in der Stadt ist eine Zementfabrik gebaut worden. Die hohen Schornsteine haben keine Filter. Die Menschen ersticken in dem Staub. Jedes

zweite Kind hat Probleme mit den Atemwegen. Die Eltern haben mehrmals protestiert. Die Politiker halten ihre Versprechen nicht. Alte Leute gibt es kaum noch, denn die Menschen erreichen kein hohes Alter mehr. Ein weiteres Problem ist das Elektrizitätswerk in der Stadt. Die Schornsteine haben keine Filter. Wenn nachts das Werk in Betrieb ist, dann wissen die Bewohner, dass am nächsten Tag der Staub die ganze Stadt erreichen wird. Man darf nicht bei offenem Fenster einschlafen. Die Menschen verbarrikadieren sich und ersticken in ihrem Unheil.
Selmas Bruder erzählte, dass zur Zeit vier Epidemien in ihrer Stadt ausgebrochen sind.
„Im Krieg hatten wir Hunger und doch haben wir überlebt", erzählte er, „und jetzt werden wir, als Fortsetzung der Vernichtung, in der sogenannten Demokratie, biologisch zerstört." Er wünsche sich, erhört zu werden. Er selbst habe keine Kinder, aber er erlebe tagtäglich, wie die Kinder ins Krankenhaus abtransportiert werden. „Früher gab es für die Kranken und Kinder viele Erholungsheime, die staatlich unterstützt wurden, doch heute sind wir von Titos Zeiten weit, weit entfernt." Wieder wird er nachdenklich. Er fragt sich, ganz leise, was das für Zeiten sind, in denen wir jetzt leben. Er ist verzweifelt und hilflos.
Wie ein Kind, das seines Lächelns beraubt wurde, lehnte er sich an Selmas Schulter und schwieg. Selma konnte die ganze Zeit nichts sagen, aber sie spürte, wie in ihr Wut und Zorn aufstiegen.

Sie versprach ihm, über alles, was er ihr erzählt hat, einen Bericht zu schreiben und an ihre Kollegen und an die Öffentlichkeit weiterzugeben.
Selma spürte langsam Hunger und fing an, für alle etwas Essen vorzubereiten. In dem Augenblick machte ihr Bruder sein Bündel auf und holte geräucherten Käse und selbstgebackenes Brot heraus, das er aus Bosnien mitgebracht hatte.
„Ich will nie wieder hungern“, sagte er mit einer entschlossenen Stimme, „hörst du, Selma, nie wieder hungern!“
Als er an der Front war, ließen die „Regierenden“ ihn und seine Truppe tagelang hungern. Er erzählte, wie sie Gras und Baumrinde gekocht hatten, um etwas Warmes zum Essen zu bekommen. Monatelang blieb er an der Front, trug ununterbrochen die Kampfstiefel. Erst dann, wenn er für einen Tag nach Hause gehen durfte, um sich umziehen und waschen zu können, zog er die Stiefel aus. Seine Strümpfe waren jedes Mal von Nässe und Schweiß richtig zerfressen. An seinen Knöcheln hingen die zerfetzten Strumpfreste.
Er wurde immer von „Kontrolleuren“ nach Hause gebracht, die ihn dann auch wieder an die Front zurückbegleiteten. Den Gedanken, einmal „auszubrechen“, verwarf er als völlig sinnlos.
Seine Worte klingen immer noch in Selmas Ohren, und jedes Mal, wenn sie beim Essen ist, überkommt sie der drängende Wunsch, ihr Brot mit den anderen zu teilen. Seitdem isst sie nie mehr eine Scheibe Brot zu Ende.

Selma, ihr Bruder und ihre Kinder breiteten ein Tuch auf dem Rasen aus, und alles, was sie gemeinsam mitgebracht hatten, lag schon zum Essen bereit. Ihr Bruder aß gierig, den Blick aufs Essen gerichtet. Er trank das Wasser in einem Zuge, ohne abzusetzen, als hätte er Angst, jemand könnte ihm das Essen und Trinken wegnehmen.
Selma erinnerte sich, wie sie elf Kinder an einer Tafel gesessen und aus einem Topf gelöffelt hatten, wie er immer sehr langsam gegessen hatte, doch der Krieg hatte ihn verändert.
Selma sah ihm nur zu. Sie brauchte kein Essen, kein Trinken. Er sollte alles nachholen, was er versäumt hat.
Am nächsten Tag kamen ihre anderen Geschwister. Wie sie das Geld für die Reise zusammengekratzt, die Reisepässe bekommen hatten, wie sie zum ersten Mal nach neun Jahren aus Bosnien hatten ausreisen können, das alles war in diesem Augenblick unwichtig.
Sie hatten es geschafft, zu kommen und mit ihr zwei volle Tage ohne Schlaf zu verbringen. Einige von denen hatten ihre Enkelkinder mitgebracht, die zum Glück den Krieg überlebt hatten.
Sie saßen alle unter Pinienbäumen. Selmas Blicke wanderten von einem Gesicht zum anderen. Sie versuchte, in den Gesichtern ihrer Geschwister die Züge ihrer Vorfahren wiederzuentdecken. Von jedem wollte sie sich ihre Gesichter schnell einprägen. Sie merkte auch, wie ihre Geschwister sie sehr genau ansahen. Für Selma waren sie die

verlorenen Geschwister. Sie hatte nie geglaubt, dass sie sich jemals wiedersehen würden.
Selmas großer Bruder – die Schwestern nannten ihn so, denn nach dem Tod ihres Vaters übernahm er die ganze Verantwortung für die Familie, sogar für die Erwachsenen – fing als erster an, zu erzählen. Doch bevor er begann, holte er eine Flasche „Slivowitz“ aus seinem Bündel heraus und nahm einen kräftigen Schluck davon. Seine Hände zitterten. Das verursachte in Selma einen tiefen Schmerz.
Ihr großer Bruder, früher ein korpulenter, energievoller Mensch ist jetzt zum seelischen Opfer des Krieges geworden. Früher diente er als Offizier der Jugoslawischen Luftwaffe. In diesem Krieg haben sie ihn nicht an die Front geschickt. Da er einen kranken Sohn hat, wurde er im Ort beim Militärstab eingesetzt, der die Kontrolle über die Stadt hatte.
Viele Auseinandersetzungen mit den regierenden Politikern blieben ihm nicht erspart. Oftmals widersprach er der politischen Macht, wurde dadurch seiner Position im Stab beraubt und als „nicht kompetent“ entlassen. Er versuchte von zu Hause aus, die Menschen zu warnen. Daraufhin bekam er Drohbriefe.
Beim Erzählen war seine Stimme voller Verzweiflung, denn hätte man auf ihn gehört, wären viele noch am Leben. Sein Wissen darüber – durch sein Studium an der Militärhochschule in Zagreb –, wie die Zivilbevölkerung gegen ihre

Vernichtung im Krieg zu schützen ist, interessierte die Politikführenden nicht. Sie nahmen in diesem Krieg die Tötung vieler Menschen in Kauf.
Es blieb ihm nur übrig, die Nachbarschaft zu warnen.
Selmas Bruder rebellierte der Kriegsmacht gegenüber. Umgebracht haben sie ihn nicht. Seine Narben werden nicht heilen, und was er in seinem Kopf im Gedächtnis bewahrt hat, wird er nie vergessen, denn dieser Krieg konnte ihm seine Vernunft nicht nehmen.
In dieser Zeit hat er auch seine Frau verloren. Seelisch liegt er völlig am Boden. Ihm sind nur noch sein kranker Sohn geblieben und seine Gedanken – von denen keiner was wissen will. Für ihn zählt nur noch die Familie, sie allein kann ihm in seinem Zustand helfen.
Selmas Bruder fühlte sich erleichtert, nachdem er ihr erzählt hatte, was alles mit ihm geschehen war. Er griff wieder zur Flasche, doch in diesem Augenblick nahm seine Enkelin sie ihm aus der Hand und schrie laut: „Nein, du darfst nicht trinken!“
Die grausame Zeit des Krieges hatte sie gemeinsam mit ihm als zehnjähriges Mädchen erlebt. Nur gelegentlich, wenn die Kriegsumstände es erlaubten, schmuggelten sie sich in der Dunkelheit bis zu ihren Eltern durch. Die Enkelin blieb ein paar Stunden bei der Mutter und ging mit ihrem Großvater in derselben Nacht wieder in die Stadt zurück.

Selma fand das Verhalten des Mädchens bewundernswert. Wie eine erwachsene Frau versuchte sie, Selmas Bruder zur Vernunft zu bringen, indem sie sagte, dass ihm das Trinken auch nicht helfen würde. Sie gab ihm zu verstehen, dass sie für ihn da sei und die übrige Familie auch.
Dieses großartige Mädchen übernahm das Wort. Sie erzählte Selma mit einer großen Unbeschwertheit, wie sie und viele andere Frauen während des Krieges in der Nacht das Essen aus der Stadt getragen hatten, um die Soldaten an der nahegelegenen Front zu versorgen. Die Frauen haben gekocht und gebacken, was an Nahrung vorhanden war, und nachts, wenn das Granatenfeuer und die Einschläge aufgehört hatten, krochen die Frauen, und sie mit ihnen, über die Felder und verteilten das Essen an die Soldaten. Die Bevölkerung wusste, dass die Regierung nur gelegentlich Essen an die verschiedenen Frontabschnitte schickte. Die Soldaten blieben viele Tage lang ohne Essen und Trinken.
Das, was Mutter Natur ihnen zu bieten hatte, war für sie die Rettung.
Das Mädchen, den Blick auf ihren Großvater gerichtet, sagte ganz leise: „Ich will so etwas nie wieder erleben, aber wenn es wieder mal passieren sollte, werde ich zur Waffe greifen, um meine Familie zu schützen!“
Selma blieb stumm. Die Entschlossenheit in den Worten des kleinen, erwachsenen Mädchens wurde zu einem Bekenntnis, das sicherlich viele

abgaben, die, wie sie auch, den Krieg überlebt hatten.
Auf Selmas Frage, wer für sie der Feind ist, sagte sie sehr zornig, dass nur der, der ihre Familie angreift, für sie als Feind gilt!
Von Minute zu Minute wurde sie wieder in ihre unbeschwerte Kindheit versetzt. Sie fragte Selmas Bruder, ob in seinen Reisekosten auch für sie ein Eis einkalkuliert worden ist. Sie hätte Kinder mit Eis in der Hand gesehen. In dem Moment stand Selma schon auf, nahm sie zur Hand, und beide gingen gemeinsam zum Eismann auf die Strandpromenade. Sie erzählte Selma unterwegs, dass ihre Mutter sie mitreisen ließ, damit sie auf ihren Großvater aufpassen soll. Er hat angefangen zu trinken. Früher hatte er nur gelegentlich zum Glas gegriffen. Kein Wunder. Für Selma war all das, was sie zu sehen und zu hören bekam, eine Katastrophe.
Sie kauften sich Eis und gingen wieder zur Familie zurück. Von den zwei Schwestern, die auch gekommen waren, hatte Selma kaum etwas erfahren können. Sie waren sehr schweigsam, ihre Augen waren teilnahmslos. Sie hörten sich alles an – wer weiß wie oft schon –, doch die Bilder des Grauens wurden dadurch nicht blasser. Im Gegenteil. Sie spürte, wie sie sich nach Ruhe sehnten. Ihre Augen blickten ins Leere. Nur um die eingetretene Stille zu unterbrechen, fing eine von den beiden Schwestern an, die Kinder einzusammeln. Bevor sich Selmas Geschwister auf die

Rückreise begaben, sollten sie alle noch zusammen essen. Ihr Abschiedsessen war „Tschorba“, danach tranken sie Mokka.
Ihre Geschwister fuhren nach Bosnien zurück, nicht in neuen Autos, und ein Ferienerlebnis war es für sie auch nicht gewesen.
Aber ihr Treffen war viel mehr: eine zutiefst menschliche Begegnung. Und sie stand im unüberbrückbaren Gegensatz zu dem verlogenen, oberflächlichen Lachen und der Trunkenheit der Neureichen auf einer der protzigen Privat-Jachten in der Bucht.